Л.В. МИЛЛЕР, Л.В. ПОЛИТОВА, И.Я. РЫБАКОВА

러시아어 인텐시브 회화 1

러시아어 ✓회화 1
인텐시브

초판 1쇄 2006년 09월 30일
개정 6쇄 2025년 03월 20일

지은이 Л.В. Миллер, Л.В. Политова, И.Я. Рыбакова
옮긴이 뿌쉬낀하우스 출판부
펴낸이 김선명

펴낸곳 뿌쉬낀하우스
편집 박인선
주소 서울시 중구 퇴계로0나길 10 신화빌딩 202호
전화 02)2237-9387
팩스 02)2238-9388
이메일 book@pushkinhouse.co.kr
홈페이지 www.pushkinhouse.co.kr
출판등록 2004년 3월 1일 제2004-0004호

ISBN 978-89-92272-00-1 18790

ⓒ ЗАО «Златоуст», 1998
Настоящее издание осуществлено по лицензии, полученной от ЗАО «Златоуст».

ⓒ Pushkin House, 2006

이 책의 국내 저작권은 «Златоуст»(즐라또우스뜨) 출판사와 독점 계약한 뿌쉬낀하우스에 있습니다.
저작권법에 의해 한국 내에서 보호를 받는 저작물이므로 무단 전재나 무단 복제를 금합니다.

※잘못된 책은 바꿔 드립니다.

※ 스마트폰을 통하여 QR코드를 스캔하면 MP3파일을 바로 청취할 수 있습니다.

러시아어 인텐시브 회화

1

뿌쉬낀하우스

차 례

머리말 ...	5	Предисловие
1과 ...	6	Первый урок
2과 ...	12	Второй урок
3과 ...	16	Третий урок
4과 ...	23	Четвёртый урок
5과 ...	29	Пятый урок
6과 ...	34	Шестой урок
7과 ...	39	Седьмой урок
8과 ...	43	Восьмой урок
9과 ...	49	Девятый урок
10과 ...	56	Десятый урок (повторительный)
11과 ...	50	Одиннадцатый урок
12과 ...	66	Двенадцатый урок
13과 ...	72	Тринадцатый урок
14과 ...	77	Четырнадцатый урок
15과 ...	82	Пятнадцатый урок
16과 ...	87	Шестнадцатый урок
17과 ...	92	Семнадцатый урок (повторительный)
18과 ...	96	Восемнадцатый урок
19과 ...	101	Девятнадцатый урок
20과 ...	107	Двадцатый урок
21과 ...	111	Двадцать первый урок
22과 ...	115	Двадцать второй урок (повторительный)
23과 ...	117	Двадцать третий урок
24과 ...	121	Двадцать четвёртый урок
25과 ...	126	Двадцать пятый урок
26과 ...	131	Двадцать шестой урок
27과 ...	136	Двадцать седьмой урок
28과 ...	141	Двадцать восьмой урок
일러두기 ...	146	Комментарий
단어사전 ...	147	Словарь

머리말  Предислоиие

〈러시아어 인텐시브 회화〉시리즈는 러시아어 회화를 집중적으로 익힐 수 있도록 단계별로 구성되어 있으며, 각 단계별로 주교재, 워크북(Workbook), 청취CD로 이루어져 있다. 이 시리즈는 원어민 선생님과의 효율적인 학습을 위해 제작되었으며, 대학 교재로도 적합하다. 대학교 러시아어 교재로서 사용될 경우에는 두 학기용으로 한국 선생님의 문법 설명 및 Workbook과 함께 학습할 경우 효과적이다.

〈러시아어 인텐시브 회화 1단계〉는 토르플(ТРКИ)의 기초단계(Элементарный уровень)에 부합하는 내용으로 이루어진 회화 교재로서 120-150시간의 학습 시간을 기본 학습량으로 한다.

■ 본 교재의 구체적인 특징은 다음과 같다.
　1. 다양한 구문을 바탕으로 러시아 어휘와 문법을 학습한다.
　2. 상황별, 테마별 회화 표현을 중심으로 러시아어를 학습한다.
　3. 다양한 표현들을 익힘으로써 의사 소통을 가능하게 할 뿐만 아니라 그것들을 창조적으로 응용할 수 있다.
　4. 〈Отдохните〉, 〈Шутки〉를 통해 학습자의 능동적 참여를 유발한다.

■ 본 교재의 각 과는 다음과 같은 구성을 따른다.
　1. 회화 관용 표현 (Речевой этикет)
　2. 문법 (Граматика)
　3. 텍스트 (Текст)
　4. 연습문제 (Комплекс упражнений)
　5. 게임 (Игровые задания)
　6. 유머 텍스트 (Тексты-шутки)

본 교재에 포함되어 있는 청취CD는 학습자의 청취력을 향상시킬 수 있으며, 본 교재의 별책으로 제작된 〈러시아어 인텐시브 회화 1단계 워크북(Workbook)〉은 다양한 연습 문제들을 통해 주교재에서 학습한 내용을 복습, 확인, 심화시킬수 있다.

마지막으로, 본교재는 즐라또우스뜨 출판사의 〈ЖИЛИ-БЫЛИ... 28 уроков русского языка для начинающих〉을 원본으로 하고 있으며, 도서출판 뿌쉬낀하우스와 계약에 의해 한국에서 독점 출판되었음을 밝힌다. 이 같은 좋은 회화 교재를 통해 러시아어 학습자들의 회화 실력이 향상되기를 바란다.

　　　　　　　　　　　　　　　　　　　　　　　　　　　　　　　뿌쉬낀하우스 출판부

1 Первый урок

> Давáйте познакóмимся!
> Меня́ зовýт...
> Как вас зовýт?

Слушайте, повторяйте, читайте.

Аа Оо Уу Ээ Ии Ыы

| а-о | а-э | у-о | у-ы | и-э | и-ы |
| уа-уо | иа-иу | | оы-оу | | аи-ау |

Мм Пп Бб

ма-мо-му-мы-ми   ам-ом-ум
па-по-пу-пы-пи   ап-оп-уп

ма-па-ба	па-ба	му-мы-ми
мо-по-бо	по-бо	пу-пы-пи
му-пу-бу	пу-бу	бу-бы-би

Читайте слова.

мáма,   пáпа,   мы,   поп,   бáба

Слушайте, повторяйте, читайте.

Нн Тт Дд

на-но-ну-ны-ни   ан-он-ун
та-то-ту-ты-ти   ат-от-ут
да-до-ду-ды-ди

Урок 1 (один)

Читайте слова.

но́та, то́нна, дом, Том, А́нна, панно́, дым, он, ты, мы, Ни́на

Слушайте, повторя́йте, чита́йте.

Фф Вв

фа-фо-фу-фы-фи аф-оф-уф
ва-во-ву-вы-ви

Читайте слова.

ва́та, вино́, фата́, фунт, фон

Кто это?

Э́то Том.
Э́то [э́та] он.

Э́то Си́рпа.
Э́то она́ [ана́].

Э́то Том и Си́рпа.
Э́то они́ [ани́].

🎧 **Читайте.**

Это дом.

Это дым.

Это нóта.

Это винó.

Это водá [вадá].

Это вáнна.

🎧 **Слушайте, повторяйте, читайте.**

Это водá и винó. Это Том и Áнна. Это мы. Это они́. Это он и онá.

🎧 **Читайте диалоги.**

— Это дом?
— Да, это дом.

— Это винó?
— Да, это винó.

— Это Áнна?
— Да, это Áнна.

— Это Том?
— Да, это Том.

🎧 **Слушайте, повторяйте, читайте.**

Кк Гг Хх

ка-ко-ку   ак-ок-ук   ки-ги-хи
га-го-гу   ах-ох-ух
ха-хо-ху

8   восемь

러시아어 회화 1 | Урок 1 (один)

```
ка-га          ка-ха          ка-га-ха
ко-го          ак-ах          ко-го-хо
ку-гу          их-ик          ку-гу-ху
```

Читайте слова.

погóда [пагóда],   кóмната [кóмната],   окнó [акнó],
áтом [áтам],   томáт [тамáт]

Слушайте, повторяйте, читайте.

Сс Зз

```
са-со-су-сы-си        ас-ос-ус
за-зо-зу-зы-зи

са-за
со-зо                 су-сы-си
су-зу                 зу-зы-зи
```

Читайте слова.

звук,   мýзыка,   кóсмос,
автóбус, [афтóбус],   вы́ставка [вы́стафка],
зонт,   завóд [завóт],   магази́н

Слушайте, повторяйте, читайте.

Рр

```
ра-ро-ру-ры-ри        ар-ор-ур          ри-ири-рири
тра-ра                ра-ар
тро-ро                ро-ор
тру-ру                ру-ур
```

Читайте слова.

друг [друк],   подрýга,   кáрта,   гóрод [гóрат],
спорт,   брат,   расскáз [раскáс]

Запомните!

Он	Она	Оно
Том	Анна	окно
друг	подруга	
дом	комната	
город	карта	
музей		

Задание 1. Распределите слова по родам.

нота

дом

дым

вода

вино

ванна

комната

окно

러시아어 회화 1 | **Урок 1 (один)**

автобус

зонт

завод

магазин

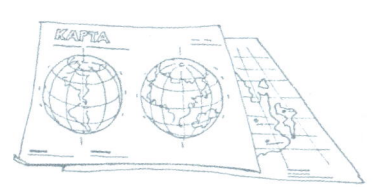
карта

город

пиво

2 Второй урок

Здра́вствуй! Здра́вствуйте! Приве́т!

До свида́ния! Пока́!

Слу́шайте, повторя́йте, чита́йте.

Яя [ja] Ёё [jo] Юю [ju] Ее [je]

ям-моя́	мя-мё-мю-ме	ма-мя	та-тя
ём-моё	ня-нё-ню-не	мо-мё	то-тё
ест-пое́ст	тя-тё-тю-те	му-мю	ту-тю
ют-пою́т	ся-сё-сю-се	мэ-ме	тэ-те
	ря-рё-рю-ре		

Чита́йте слова́.

я́ма, Росси́я, дя́дя, моя́
мёд, моё, монтёр, тётя, всё, твоё
юг, ю́бка, Ю́ра, рюкза́к, бюро́, рю́мка
ено́т, еда́, Евро́па, ме́сто, ве́тка, сестра́, река́, текст

Й

а + й = ай [aj]
о + й = ой [oj]
у + й = уй [uj]
э + й = эй [ej]

러시아어 회화 1 | **Урок 2 (два)**

Читайте слова.

май, майка, трамвай, дай, работай,
мой, твой, новый, синий, рисуй

Запомните!

Он		**Она**		**Оно**	
мой		моя		моё	
твой	дом	твоя	комната	твоё	окно
мой		моя		моё	
твой	друг	твоя	сестра	твоё	кафе
мой		моя		моё	
твой	город	твоя	страна	твоё	место

Читайте.

Это мой друг. Это моя подруга. Это мой дом. Это моё место. Это моя комната. Это моё окно. Это мой город. Это мой друг Том. Это моя подруга Анна. Это мой друг Антон Иванович.

Задание 1. Составьте предложения по модели.

Модель: дом — Это мой дом.

дом, комната, сад, окно, автобус, зонт, город, пиво, рюкзак, тётя, бюро, подруга, брат, место, собака, кафе

Слушайте, повторяйте, читайте.

мой — не мой	моя — не моя	моё — не моё
твой — не твой	твоя — не твоя	твоё — не твоё

тринадцать 13

Читайте диалоги.

— Это твой друг?
— Да, это мой друг.

— Это твой дом?
— Нет, это не мой дом.

— Это твоя подруга?
— Да, это моя подруга.

— Это твоя комната?
— Нет, это не моя комната.

— Это твоё место?
— Да, это моё место.

— Это твоё окно?
— Нет, это не моё окно.

Составьте подобные диалоги.

Слушайте, повторяйте, читайте.

Лл

ла-ля	ел	ле
ло-лё	ял	ля
лу-лю	ёл	лё
лы-ли	ил	ли
	юл	лю

Читайте слова.

лампа, стол, стул, лёд, клуб, клён, Волга, лимон, литр, класс, блюдо, клоун, салат, луна, вилка

Цц

ца-цо	ац-оц	са-ца
цу-це	уц-ец	су-цу
ца-ци	ац-иц	со-цо
		сы-цы

Читайте слова.

центр, цирк, цена, цвет, концерт, цветок, станция

러시아어 회화 1 | **Урок 2 (два)**

Читайте текст.

Это Петербу́рг. Это мой го́род. Это центр го́рода. Это ста́нция метро́ «Садо́вая».

Задание 2. Скажите, какие станции метро находятся в центре города.

Моде́ль: Станция «Садовая» — это центр города.

Отдохните.

1. Отгадайте слова.

д __ м, в __ __ а, п __ __ __ о, д __ __ г, г __ __ __ __ д, о __ __ о, к __ __ __ __ __ __ а, а __ __ __ __ __ __ с, к __ __ е

2. Скажите своему соседу слово по-русски шёпотом. Он говорит его вслух на родном языке. Следующий говорит это слово по-русски.

3. Придумайте слова на букву «Д» и на букву «М».

пятнадцать **15**

3 Третий урок

> Доброе у́тро!
> До́брый день!
> До́брый ве́чер!

Слу́шайте, повторя́йте, чита́йте.

Шш Жж

ша-жа   ши-жи
шо-жо   ше-же
шу-жу

Чита́йте слова́.

шкаф, уже́, маши́на, журна́л, каранда́ш, то́же, хорошо́, шу́ба, дру́жба, шеф, пассажи́р, шокола́д, джи́нсы, муж [муш], нож [нош], эта́ж [эта́ш], ло́жка [ло́шка]

Чита́йте диало́ги.

— Э́то твой друг?
— Нет, э́то мой брат.

— Э́то твоя́ сестра́?
— Нет, э́то моя́ ма́ма.

— Э́то журна́л?
— Нет, э́то не журна́л. Э́то газе́та.

— Э́то су́мка?
— Нет, э́то не су́мка. Э́то рюкза́к.

Составьте подобные диалоги по модели.

Модель:

— Это зонт?
— Нет, это не зонт. Это карандаш.

— Это журнал?

— Это стол?

— Это рюкзак?

— Это море?

— Это вино?

— Это магазин?

Запомните!

я	мы
ты	вы, Вы
он/она/оно	они

🎧 **Читайте текст.**

Это я. Меня зовут Анна. Я студентка.

Это мой отец. Его зовут Виктор. Он инженер-физик.

Это моя мама. Её зовут Мария. Она социолог.

Это мой брат. Его зовут Андрей. Он музыкант.

Это моя сестра. Её зовут Наташа. Она студентка.

Как вас зовут? Меня зовут Анна.

Запомните!		
я — меня		Анна
ты — тебя		Виктор
он — его	зовут	Мария
она — её		Андрей
они — их		Наташа

Задание 1. Скажите, как их зовут?

Как её зовут?

Как её зовут?

Как его зовут?

Как её зовут?

Как его зовут?

Задание 2. Скажите, как зовут ваших родственников и друзей.
Модель: Это мой брат. Его зовут Иван.

Профессия

Кто вы?　　　　　　Кто он?　　　　　　Кто она?
Я моря́к.　　　　　　Он арти́ст.　　　　　Она инжене́р.

Читайте диалоги.

— Кто э́то?　　　　　　— Кто э́то?
— Э́то мой друг.　　　　— Э́то моя́ ма́ма.
— Кто он?　　　　　　— Кто она́?
— Он студе́нт.　　　　　— Она́ медсестра́.

Зада́ние 3. Соста́вьте диало́ги по моде́ли.

Моде́ль:

— Кто э́то?
— Э́то моя́ сестра́.
— Кто она?
— Она био́лог.

Серге́й — журнали́ст.

Пётр — музыка́нт.

20 два́дцать

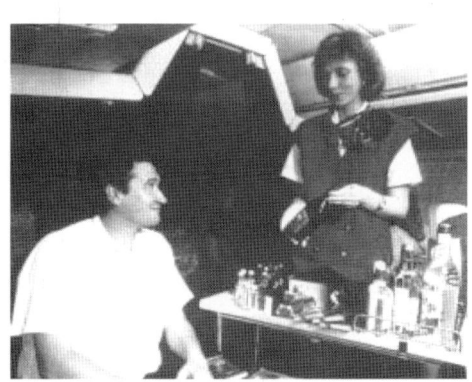
Нина — стюардесса.

Денис — повар.

Яна — фотомодель.

Андрей — художник.

Задание 4. Прочитайте диалоги, спросите друг друга по моделям:

— Кто вы?
— Я студент. А вы?
— Я тоже студент.

— Меня зовут Оля.
А вас?
— Меня зовут Нина.

— Мой отец художник. А твой?
— Мой отец инженер.

Задание 5. Прочитайте текст на стр. 18 ещё раз и расскажите о вашей семье.

Отдохните.

1. Прочитайте фразы с разными интонациями.
    Она инженер.
    Это дом.
    Это моя книга.
    Это не твоё место.

2. Прочитайте диалоги по ролям.
Разговаривают:
а) строгий отец и сын;
б) два друга.
    — Что это?
    — Это мой рюкзак...
    — Это твой рюкзак?!
    — Да...

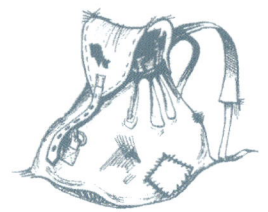

3. Прочитайте диалоги по ролям.
Разговаривают:
а) шеф и новый сотрудник;
б) юноша и девушка на дискотеке.
    — Как вас зовут?
    — Меня зовут Марина.
    — Кто вы?
    — Я менеджер.

4 Четвёртый урок

Как дела? Прекрасно.
Хорошо.
Нормально.
Ничего.
Плохо.

Слушайте, повторяйте, читайте.

Щщ

ща-щу	ша-ща
ще-щи	шу-щу
ща-щи	ше-ще
щё-ще	ши-щи
	шо-щё

Читайте слова.

ещё [ищё], щётка, щи, щека́ [щика́], щу́ка, ве́щи, борщ

Слушайте, повторяйте, читайте.

Чч

ча-чу	ач-уч	ша-ча
че-чи	еч-ич	шу-чу
чо-ча	оч-ёч	ше-че
		ши-чи

Читайте слова.

ру́чка, уче́бник, учёный, по́чта, чай, учени́к, врач, чек, да́ча

двадцать три 23

🎧 Слушайте, повторяйте, читайте.

ь

брат — брать   мел — мель
стал — сталь   угол — уголь

Волга — Ольга   говорит — говорить
полка — полька   учит — учить

🎧 Читайте слова.

мать, пло́щадь [пло́щить], слова́рь, па́льма, янва́рь, ию́нь, ию́ль, пульт, семья́ [симjа́], бельё [бил'jо́], Илья́ [Ил'jа́], пье́са [п'jе́са]

🎧 Слушайте, повторяйте, читайте.

мя — мья   пю — пью   ти — тьи
пя — пья   лю — лью   чи — чьи

🎧 Слушайте, повторяйте, читайте.

ъ

объявле́ние, подъём, отъе́зд, объе́кт, объём, съёмка

Запомните!

Что это? [што эта]

Это стол.   Это столы́.   Это портфе́ль.   Это портфе́ли.

Это музе́й.   Это музе́и.

Урок 4 (четыре)

Запомните!

брат — бра́тья   дом — дома́   ребёнок — де́ти
друг — друзья́   го́род — города́   челове́к — лю́ди
стул — сту́лья

Задание 1. Скажите, что это? кто это?

Запомните!

Это газе́та.   Это газе́ты.

Это тетра́дь.   Это тетра́ди.

Это фотогра́фия. Это фотогра́фии.

Зада́ние 2. Скажи́те, что э́то?

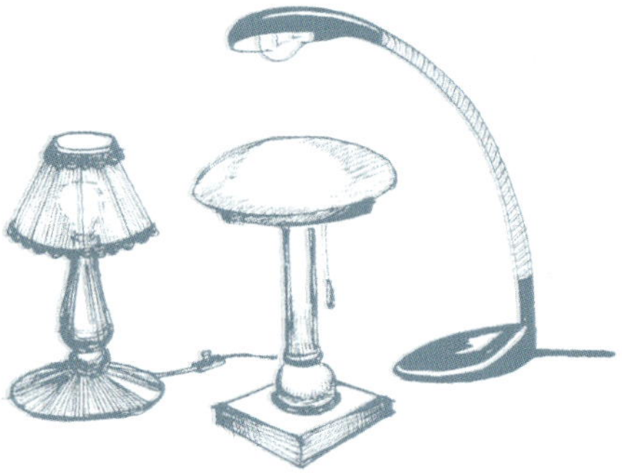

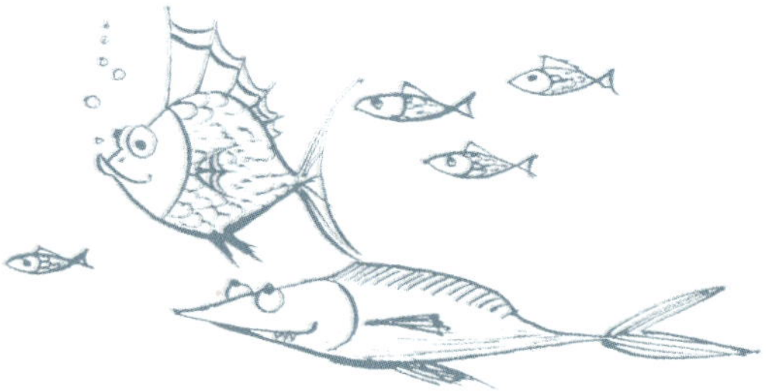

Урок 4 (четыре)

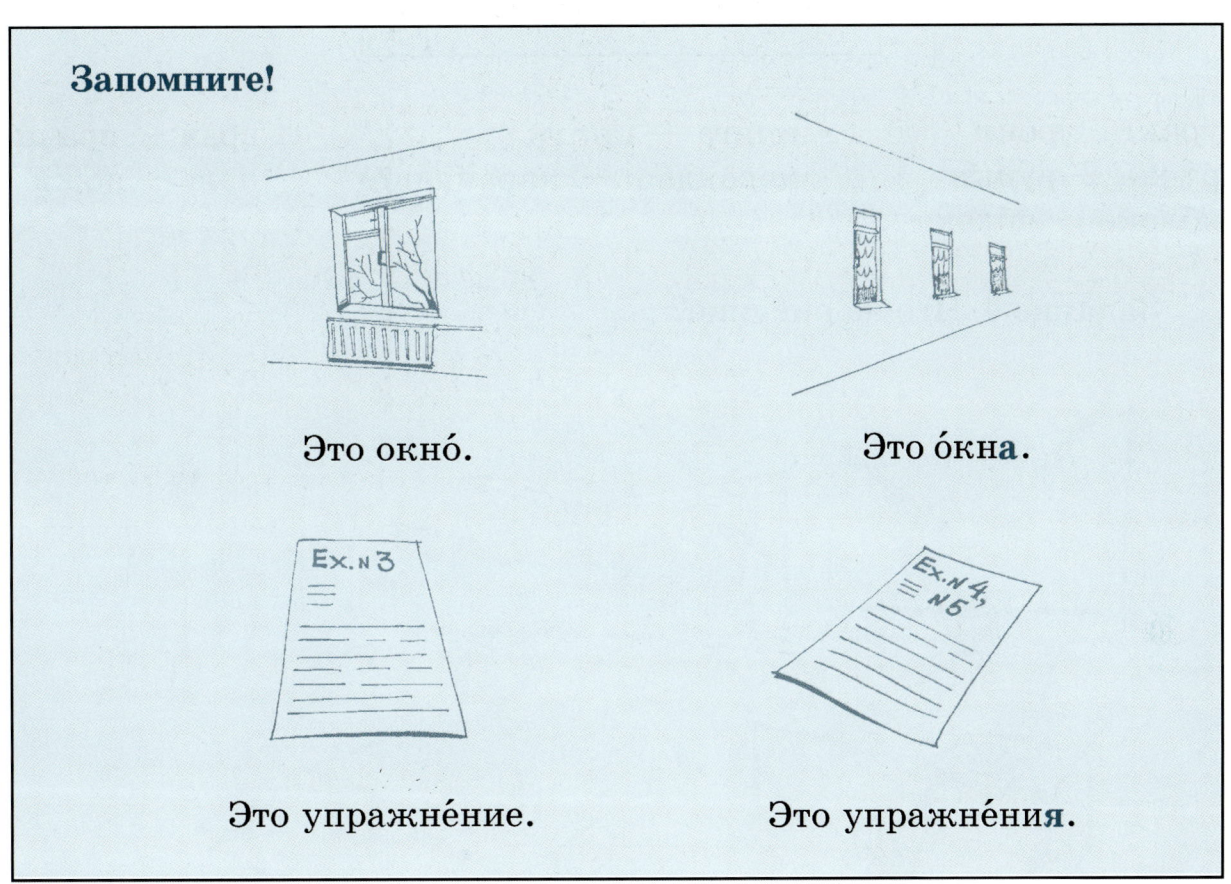

Запомните!

Это окно́.   Это о́кн**а**.

Это упражне́ние.   Это упражне́ни**я**.

Задание 3. Скажите, что это?

двадцать семь 27

> **Запомните!**
>
> К Г Х Ш Щ Ч Ж → И

уро́к — уро́к**и**   кни́га — кни́г**и**   врач — врач**и́**
ру́чка — ру́чк**и**   каранда́ш — карандаш**и́**   нож — нож**и́**
я́блоко — я́блок**и**

Задание 4. Что на рисунке?

Отдохните.

1. Попробуйте говорить на родном языке, копируя речь русского человека, который плохо его знает.

2. Составьте из данного слова максимальное количество других.
«КАЛЕНДАРЬ»

3. Кто скажет больше слов на букву «С» и «К»?

4. Отгадайте слово!
Один студент записывает слово. Другие хотят узнать, какое это слово, и спрашивают: «Это дом?» и т.д.

5 Пятый урок

— Скажи́те, пожа́луйста, что э́то?
— Э́то матрёшка.
— Спаси́бо.
— Пожа́луйста.

— Скажи́те, пожа́луйста, как по-ру́сски «Good-bye»?
— До свида́ния.
— Спаси́бо.
— Не́ за что.

Задание 1. Вставьте вместо точек нужное слово.

Это мой папа. Его ... Илья. Он ... . Это моя мама. ... зовут Анна. Она тоже ... . Они ... . Это мой .... Он ... . Это моя ... . Она ... . Это я. ... ... Виктор. Я ... .

Задание 2. Восстановите диалоги, обратите внимание на интонацию.

— … ?
— Да, это мой учебник.

— … ?
— Меня зовут Лена.

— … ?
— Это карандаш.

— … ?
— Да, он музыкант.

— … ?
— Нет, это не моя тетрадь.

— … ?
— Нет, его зовут Сергей.

— … ?
— Нет, это Петербург.

— … ?
— Нет, он артист.

Познакомьтесь с таблицей.

страна	язык	национальность		говорить
Россия	русский язык	Иван — русский Маша — русская	Они — русские	по-русски
Германия	немецкий язык	Клаус — немец Петра — немка	Они — немцы	по-немецки
Испания	испанский язык	Рамон — испанец Кармен — испанка	Они — испанцы	по-испански
Алжир	арабский язык	Хуссейн — араб Раби — арабка	Они — арабы	по-арабски
Финляндия	финский язык	Кари — финн Сирпа — финка	Они — финны	по-фински
Америка	английский язык	Том — американец Джулия — американка	Они — американцы	по-английски
Польша	польский язык	Ян — поляк Ирена — полька	Они — поляки	по-польски

Задание 3. Составьте монолог по модели.

Модель: Это Россия. Это моя родна́я страна́. Я русская. Мой родно́й язык — русский. Я говорю́ по-русски.

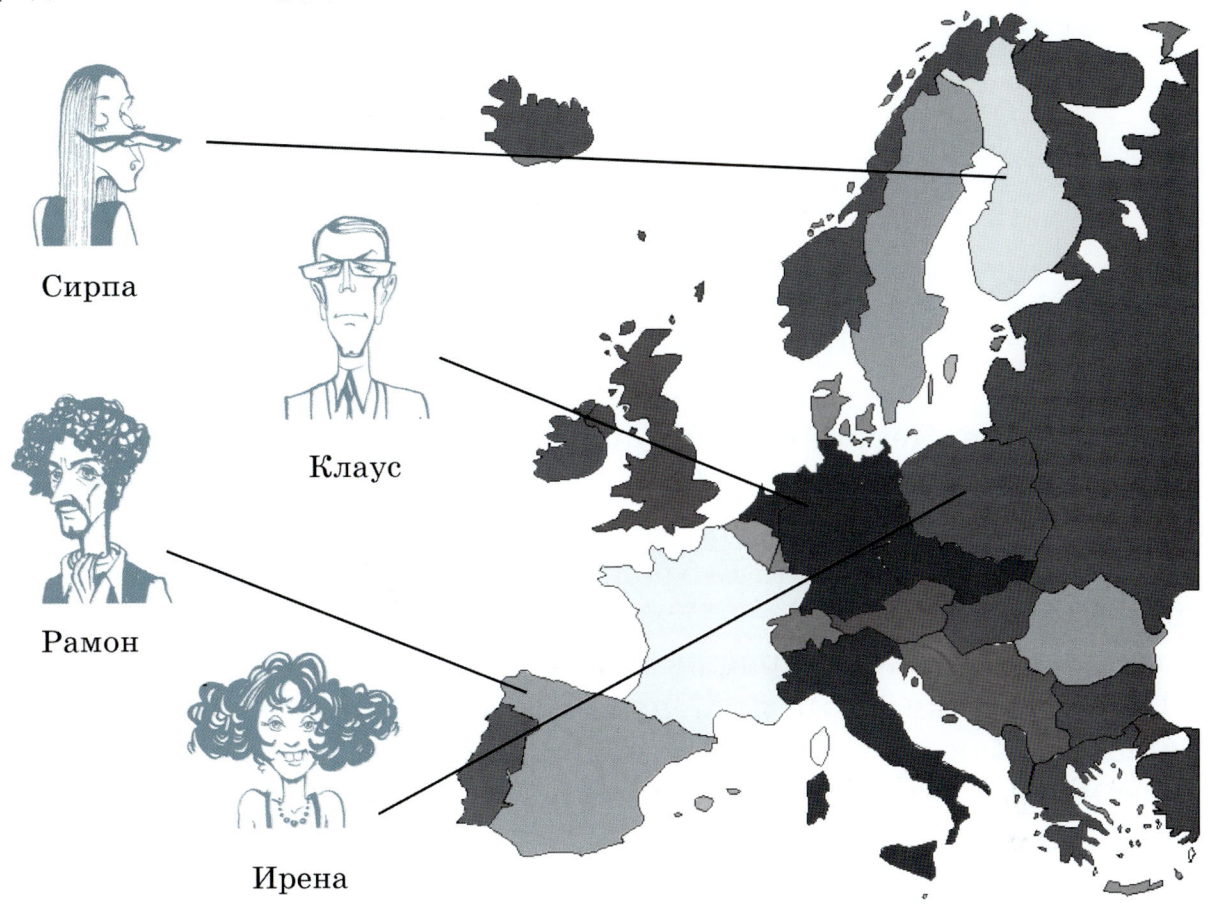

Прочитайте новые слова и выражения, найдите их в словаре.

учени́к	говори́ть	изве́стный	коне́чно
экскурсово́д	ду́мать	родно́й	пра́вильно
	изуча́ть		немно́го
	хоте́ть		

наш, -а, -е, -и	но	как?
его́	а	како́й?
её		

Прочитайте предложения.

Он говори́т по-ара́бски. Мы изуча́ем ру́сский язы́к!

Читайте текст.

Наша группа

Это Иван Петрович Сидоров. А это его ученики. Том — американец, он — студент. Его родной язык английский. Сирпа — финка, она — экскурсовод, её родной язык финский. Рамон — испанец, он — художник. Его родной язык испанский. А Хуссейн — врач. Его родная страна — Алжир. Он говорит по-арабски. Клаус — известный немецкий журналист, но он хорошо говорит по-английски и по-французски. А это я. Меня зовут Ирена. Мой родной город — Варшава. Как вы думаете, какой мой родной язык? Правильно, конечно, польский. Мы все изучаем русский язык и немного говорим по-русски.

Задание 4. Ответьте на вопросы.

1. Том — американец? 2. Он студент? 3. Его родной язык английский? 4. Кто Рамон? 5. Какой его родной язык? 6. Кто Хуссейн? 7. Какой его родной язык? 8. Сирпа — американка? 9. Она студентка? 10. Её родной язык английский? 11. Клаус — известный журналист? 12. Он хорошо говорит по-английски? 13. Как он говорит по-французски?

Задание 5. Расскажите о героях текста.

Модель: Это Том. Он американец. Он студент. Его родной язык английский. (Он говорит по-английски.)

러시아어 회화 1 | Урок 5 (пять)

Ирена   Рамон   Клаус   Сирпа   Хуссейн   Иван Петрович

Запомните!

изуча́ть (I)		говори́ть (II)	
я изуча́ю	мы изуча́ем	я говорю́	мы говори́м
ты изуча́ешь	вы изуча́ете	ты говори́шь	вы говори́те
он/она изуча́ет	они изуча́ют	он/она говори́т	они говоря́т

Я изучаю русский язык.
Они изучают английский язык.
Я говорю по-русски. Том говорит по-английски.
Клаус и Хуссейн говорят по-французски.

Задание 6. а) Составьте диалоги по модели.

Модель:
— Вы говорите по-английски?
— Да, говорю. (Нет, не говорю.)

б) расскажите о вашей группе.

Отдохните.

1. а) Придумайте себе русские имена и фамилии. Какая у вас профессия? Давайте познакомимся друг с другом.
б) А теперь познакомьте преподавателя со своими друзьями. Посмотрим, кто лучше запомнил имена своих коллег.

2. Давайте составим каждый для себя визитную карточку.

тридцать три **33**

6
Шестой урок

— Вы не ска́жете, кто э́то?
— Извини́те, я не зна́ю.

— Вы не ска́жете, где Ру́сский музе́й?
— Прости́те, я не зна́ю. Я иностра́нец.

Задание 1.
а) Отве́тьте на вопро́сы.
— Как вас зову́т?
— Вы америка́нец?
— Ваш родно́й язы́к англи́йский?
— Кто вы?
— Вы говори́те по-францу́зски?
б) Зада́йте подо́бные вопро́сы друг дру́гу.

Задание 2. Прочита́йте диало́г. Как вы ду́маете, Кла́ус хорошо́ говори́т по-ру́сски?

Сирпа: Кла́ус, ты уже́ хорошо́ говори́шь по-ру́сски?
Клаус: Да, о́чень хорошо́.
Сирпа: Скажи́, пожа́луйста, как по-ру́сски «table»?
Клаус: Не зна́ю.
Сирпа: А как по-ру́сски «book»?
Клаус: Не зна́ю.

Сирпа: А что ты зна́ешь?
Кла́ус: Я зна́ю, как по-ру́сски «sport».

Что ты де́лаешь?

— Ма́ша, что ты **де́лаешь**?
— Я **чита́ю** журна́л.

— Пе́тя и Ми́ша, что вы **де́лаете**?
— Мы **смо́трим** телеви́зор.

— Ка́тя, что ты **де́лаешь**?
— Я **рабо́таю**.

— Госпожа́ Ми́ллер, что вы **де́лаете**?
— Я **отдыха́ю**.

> **Запомните!**
>
> **де́лать (I)**
>
> | | |
> |---|---|
> | я де́лаю | мы де́лаем |
> | ты де́лаешь | вы де́лаете |
> | он/она́ де́лает | они́ де́лают |
>
> (I) чита́ть, рабо́тать, отдыха́ть
>
> **смотре́ть (II)**
>
> | | |
> |---|---|
> | я смотрю́ | мы смо́трим |
> | ты смо́тришь | вы смо́трите |
> | он/она́ смо́трит | они́ смо́трят |
>
> Смотри́! Смотри́те!

Прочита́йте текст.

Что они́ де́лают?

Э́то Ива́н Петро́вич и его́ семья́. Ива́н Петро́вич — преподава́тель. Его́ жена́ — врач. Её зову́т Татья́на Никола́евна. Ива́н Петро́вич чита́ет журна́л, а Татья́на Никола́евна смо́трит телеви́зор. Дени́с и На́стя — брат и сестра́. Они́ шко́льники. Сейча́с они́ до́ма, они́ де́лают уро́ки. Де́душка и ба́бушка то́же здесь. Де́душка пи́шет письмо́, а ба́бушка отдыха́ет.

> **Запомните!**
>
> **писа́ть**
>
> | | |
> |---|---|
> | я пишу́ | мы пи́шем |
> | ты пи́шешь | вы пи́шете |
> | он/она́ пи́шет | они́ пи́шут |

Зада́ние 3. Отве́тьте на вопро́сы.

1. Кто Ива́н Петро́вич и кто его́ жена́? 2. Где они́ сейча́с? 3. Что де́лает Ива́н Петро́вич? 4. Что де́лает его́ жена́? 5. Что де́лает Дени́с? 6. А что де́лает его́ сестра́? 7. Что де́лают ба́бушка и де́душка?

Урок 6 (шесть)

Задание 4. Ответьте на вопросы по модели.

Модель:

— Антон смотрит телевизор?
— Нет, он читает письмо.

— Виктор говорит?

— Анна отдыхает?

— Иван читает?

тридцать семь 37

— Они пишут письмо?   — Сергей работает?

Задание 5. Расскажите, что вы делаете в свободное время.

Прочитайте шутки.

Мама говорит:
— Что ты делаешь, Маша?
— Я пишу письмо.
— Но ты не умеешь писать.
— Ну и что? Моя подруга Оля не умеет читать.

— Что ты делаешь?
— Помогаю Вилли.
— А что делает Вилли?
— Он отдыхает.

Маленький Серёжа говорит:
— Я говорю по-русски, по-французски, по-английски и по-испански.
— Как по-французски «До свидания»?
— Ауф Видерзеен.
— Но это по-немецки!
— Значит, я и немецкий знаю.

Отдохните.

1. Один учащийся называет глагол и имя учащегося, который должен придумать фразу с этим глаголом.

2. Что мы делаем в аудитории (дома)? Кто назовёт больше действий.

3. Вы преподаватель. Какие команды вы используете на уроке чаще всего? Кто назовёт больше?

7
Седьмой урок

— Скажи́те, пожа́луйста, здесь мо́жно кури́ть?
— Да, мо́жно.
(— Нет, нельзя́.)

— Скажи́те, пожа́луйста, мо́жно позвони́ть?
— Да, пожа́луйста.
(— Извини́те, нельзя́.)

Запо́мните!

спра́шивать (I)

я спра́шива**ю**   мы спра́шива**ем**
ты спра́шива**ешь**   вы спра́шива**ете**
он/она́ спра́шива**ет**   они́ спра́шива**ют**

Спра́шивай! Спра́шивайте!

(I) слу́шать, понима́ть, гуля́ть, отвеча́ть

тридцать девять **39**

Прочитайте слова, найдите их в словаре.

спра́шивать	мно́го ≠ ма́ло
отвеча́ть	бы́стро ≠ ме́дленно
слу́шать	легко́ ≠ тру́дно
понима́ть	ещё ≠ уже́
гуля́ть	

о́чень
пото́м
(не)внима́тельно
(не)пра́вильно
(неда́вно) давно́
(не)краси́вый

Прочитайте текст.

Мы изуча́ем ру́сский язы́к

Э́то на́ша аудито́рия. Сейча́с уро́к. Мы изуча́ем ру́сский язы́к. Мы мно́го говори́м, чита́ем и пи́шем по-ру́сски. Мы ещё пло́хо зна́ем ру́сский язы́к и говори́м ме́дленно.

Преподава́тель спра́шивает:
— Как дела́, Том?
Том отвеча́ет:
— Спаси́бо, хорошо́.
— Вы мно́го рабо́таете до́ма?
— Сейча́с ма́ло. Петербу́рг — о́чень краси́вый го́род, и я мно́го гуля́ю.
— Вы уже́ хорошо́ зна́ете Петербу́рг?
— Нет, ещё не о́чень.

Том слу́шает внима́тельно и отвеча́ет пра́вильно. Ире́на слу́шает невнима́тельно и пло́хо понима́ет, что говори́т Том.
— Извини́, ты говори́шь, что ты уже́ хорошо́ зна́ешь Петербу́рг?
— Нет, ещё пло́хо, я здесь неда́вно.

Преподава́тель говори́т:
— Рамо́н, чита́йте, пожа́луйста, текст.
Рамо́н чита́ет ме́дленно и непра́вильно.
— Рамо́н, вы ма́ло рабо́таете до́ма.
— Чита́ть по-ру́сски тру́дно.

Пото́м чита́ет Си́рпа. Она́ чита́ет бы́стро и пра́вильно. Она́ мно́го рабо́тает до́ма.

러시아어 회화 1 | Урок 7 (семь)

> **Запомните!**
>
> **Как?**
>
> — **Как** читает Сирпа?
> — Сирпа читает **правильно**.

Задание 1. Ответьте на вопросы к тексту.

1. Что изучают студенты? 2. Что они делают в аудитории? 3. Как они знают русский язык? 4. Как говорят по-русски? 5. Том много работает дома? 6. Он много гуляет? 7. Как Том знает Петербург? 8. Как отвечает Том? 9. Как слушает и понимает Ирена? 10. Кто первый читает текст? 11. Как Рамон читает? 12. Что говорит преподаватель? 13. Кто читает потом? 14. Сирпа тоже читает медленно? 15. Она читает правильно? 16. Как вы думаете, изучать русский язык легко?

> **Запомните!**
>
> говорить по-русски
> изучать
> знать   русский язык

Задание 2. Ответьте на вопросы.

1. Как вы понимаете по-русски, хорошо или плохо? 2. Как вы говорите по-русски, быстро или медленно? 3. Вы много работаете дома? 4. Как вы слушаете, внимательно или невнимательно? 5. Как вы пишете по-русски, правильно или неправильно? 6. Говорить по-русски трудно или легко?

Задание 3. Закончите предложения.

Модель: Том говорит хорошо, а Джон _____ . — Том говорит хорошо, а Джон плохо.

сорок один **41**

1. Сирпа работает много, а Рамон _____ . 2. Том читает быстро, а Ирена ____ . 3. Я слушаю внимательно, а Клаус ____ . 4. Читать по-русски легко, а говорить ____ . 5. Мы здесь давно, а Хуссейн ___ . 6. Сирпа отвечает правильно, а Хуссейн _____ .

Задание 4. Составьте из двух предложений одно.

Модель: — Я читаю хорошо. Что говорит преподаватель?
— Преподаватель говорит, **что** я читаю хорошо.

1. Ты слушаешь невнимательно. Что говорит Иван Петрович? 2. Мы понимаем плохо. Что говорит мой русский друг? 3. Я говорю быстро. Что говорит Том? 4. Вы много гуляете. Что говорит Клаус? 5. Она пишет правильно и красиво. Что говорит преподаватель?

Задание 5. Кто, что и как делает?

Прочитайте шутки.

— Где ты рабо́таешь?
— Нигде́ не рабо́таю.
— А что ты де́лаешь?
— Ничего́ не де́лаю.
— Кака́я хоро́шая рабо́та!
— Да, но кака́я больша́я конкуре́нция!

— Сего́дня мы изуча́ем все фо́рмы глаго́ла стоя́ть: я стою́, ты стои́шь, он стои́т, мы стои́м, вы стои́те, они́ стоя́т. Во́вочка, повтори́, что я сказа́ла?
— Все стоя́т.

Отдохните.

1. Изобразите действие. Отгадайте, какое это действие, назовите глагол.

2. Преподаватель показывает действие. Какой императив он употребляет?

8
Восьмой урок

— Да́йте, пожа́луйста, слова́рь.
— Пожа́луйста. (Извини́те, у меня́ нет.)

— Бу́дьте добры́, покажи́те, пожа́луйста, самова́р.
— Пожа́луйста.

Чей?

— Извини́те, вы не зна́ете, **чей** э́то дом?
— Э́то **мой** дом.

— **Чья** э́то кварти́ра?
— Э́то **на́ша** кварти́ра.

— **Чьё** э́то ме́сто? Ва́ше?
— Э́то **моё** ме́сто.

— **Чьи** э́то пи́сьма?
— Э́то **его́** письмо́, а э́то **её** письмо́.

сорок три

	Чей это дом? (словарь, рюкзак)	Чья это книга? (чашка, сумка)	Чьё это письмо? (пальто, место)	Чьи это газеты? (друзья, ручки)
я	мой	моя	моё	мои
ты	твой	твоя	твоё	твои
он	его	его	его	его
она	её	её	её	её
мы	наш	наша	наше	наши
вы	ваш	ваша	ваше	ваши
они	их	их	их	их

Задание 1. Прочитайте диалоги. Составьте подобные.

— Извини́те, э́то ваш журна́л?
— Нет, э́то не мой журна́л.
— А чей?
— Э́то её журна́л.

— Чьи э́то тетра́ди?
— Э́то на́ши тетра́ди.

Задание 2. Задайте вопросы и ответьте по модели.

Модель:
— **Чьи** это газеты?
— Это **мои** (твои, его, её, наши, ваши, их) газеты.

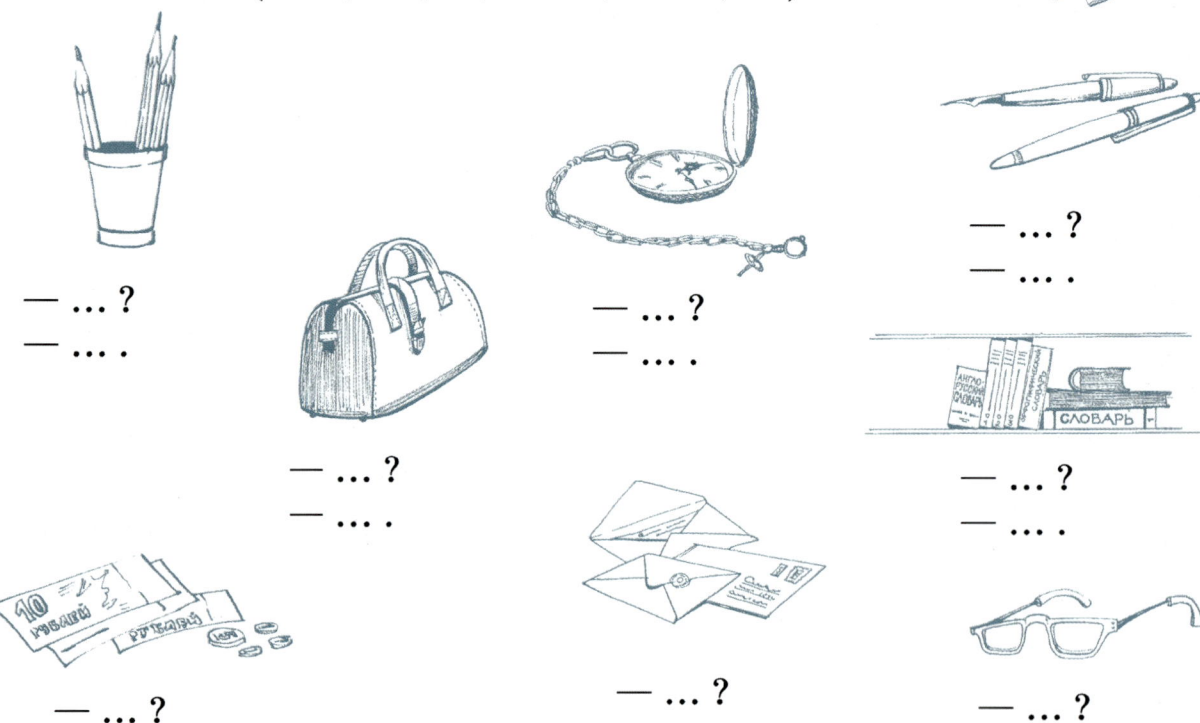

44 сорок четыре

Урок 8 (восемь)

Прочитайте слова, найдите их в словаре.

но́вый ≠ ста́рый
большо́й ≠ ма́ленький
дли́нный ≠ коро́ткий
широ́кий ≠ у́зкий
(не)гла́вный
зелёный, росси́йский, иностра́нный
у́лица, собо́р, ча́сто

Прочитайте текст.

Наш го́род

Петербу́рг — большо́й и краси́вый го́род. Он не о́чень ста́рый. Здесь есть но́вые проспе́кты и ста́рые у́зкие у́лицы. Гла́вная у́лица — Не́вский проспе́кт. Он дли́нный и широ́кий.

Все зна́ют музе́и Петербу́рга: Эрмита́ж, Ру́сский музе́й, Исаа́киевский собо́р. Петербу́рг не о́чень зелёный го́род, но здесь есть изве́стные сады́ и па́рки: Ле́тний сад, Ма́рсово по́ле. Росси́йские и иностра́нные тури́сты ча́сто гуля́ют здесь.

Запомните!			
Какой?			
Какой это рюкзак?	Какая это машина?	Какое это кресло?	Какие это машины?
Какой?	Какая?	Какое?	Какие?
новый большой синий	новая большая синяя	новое большое синее	новые большие синие

Задание 3. Ответьте на вопросы.

1. Петербург большой город? 2. Он красивый? 3. Петербург старый город? 4. Какая улица Петербурга главная? 5. Невский проспект длинный или короткий? 6. Он узкий или широкий? 7. Какие проспекты и улицы здесь есть? 8. Какие музеи Петербурга вы знаете? 9. Петербург зелёный город? 10. Какие известные сады и парки вы знаете?

Задание 4. Ответьте отрицательно, используя антонимы.

Модель:

— Это большой дом?
— Нет, это маленький дом.

— Это новая машина?

— Это длинное письмо?

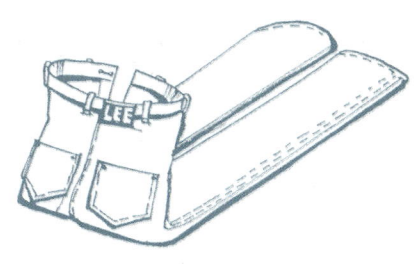
— Это широкие джинсы?

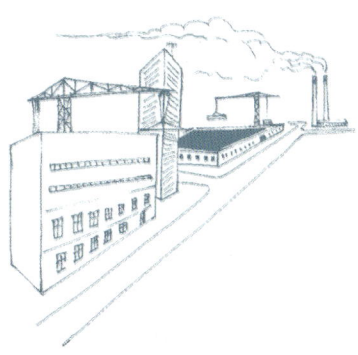
— Это красивый город?

— Это интересная книга?

— Это большой дом?

— Это маленькие автобусы?

Задание 5. Расскажите о вашем родном городе. Покажите фотографии.

Отдохните.

1. Два водящих выходят из аудитории. Остальные кладут свои вещи на стол.

    1-й водящий: Чей это карандаш?
    2-й водящий: Это его (её) карандаш.
    Студент: Да, это мой карандаш. (Нет, это не мой карандаш.)

2. Подберите максимальное количество прилагательных.
    1-й студент: Дом.
    2-й студент: Новый дом, и т.д.

3. Играем в слова. Преподаватель говорит слово «стол», следующий — слово на «Л»: лимон, и т.д.

9
Девятый урок

— Извините, я хочу спросить, это Малый театр?
— К сожалению, я не знаю, я иностранец.

— Вы хотите кофе?
— Спасибо, с удовольствием.

| я хочу
я могу
я должен | отдыхать |

Запомните!

хотеть

я хочу́	мы хоти́м
ты хо́чешь	вы хоти́те
он/она хо́чет	они хотя́т

Они хотят есть.

сорок девять **49**

Задание 1. Вставьте глагол «**хотеть**» в нужной форме.

— Друзья, что вы _____ купить?
— Мы _____ купить сувениры.
— Том, ты _____ смотреть телевизор?
— Нет, не _____ , я _____ читать.
— Иван Петрович, вы _____ есть?
— Нет, спасибо, не _____ .
— Что вы _____ делать сейчас?
— Мы _____ гулять.

> **Запомните!**
>
> я хочу + есть
> пить
> спать
> читать
> купить билет
> смотреть телевизор

Задание 2. а) Ответьте на вопросы отрицательно.

Модель:
— Вы хотите пить?
— Нет, я не хочу пить, я хочу есть.

1. Вы хотите спать? 2. Рамон хочет гулять? 3. Сирпа хочет смотреть телевизор? 4. Друзья, вы хотите отдыхать? 5. Как вы думаете, Том и Клаус хотят есть?

б) Спросите у своих друзей, что они хотят делать. Скажите, что вы хотите делать.

> **Запомните!**
>
> **мочь**
>
> я могу́   мы мо́жем
> ты мо́жешь   вы мо́жете
> он/она мо́жет   они мо́гут

러시아어 회화 1 | Урок 9 (девять)

— Хуссе́йн, ты **мо́жешь** дать мне слова́рь?
— Коне́чно, **могу́**.

Они́ танцу́ют о́чень хорошо́! А вы так **мо́жете**?

Зада́ние 3. Зако́нчите предложе́ния.

1. Си́рпа мо́жет _____ . 2. Рамо́н мо́жет _____ ? 3. Вы мо́жете _____ ? 4. Я могу́ _____ . 5. Ва́ши друзья́ мо́гут _____ ? 6. Ты мо́жешь _____ ?

Запо́мните!

до́лжен

он, я, ты	до́лжен	рабо́тать
она́, я, ты	должн**а́**	отвеча́ть
они́, мы, вы	должн**ы́**	купи́ть
		дать

Он до́лжен отдыха́ть.

пятьдеся́т оди́н **51**

Задание 4. Скажите, что должен делать Клаус.

Дни недели	Что должен делать?
Понедельник	1. Учить русский язык. 2. Купить кофе, молоко и хлеб.
Вторник	1. Звонить в Берлин. 2. Учить новые слова.
Среда	1. Читать газеты и журналы. 2. Учить русский язык.
Четверг	1. Купить новый магнитофон. 2. Смотреть футбол.
Пятница	1. Писать письмо в Мадрид. 2. Учить русский язык.
Суббота	1. Смотреть телевизор. 2. Купить цветы.
Воскресенье	1. Отдыхать.

Когда? В   понеде́льник
          (во) вто́рник
          сре́ду
          четве́рг
          пя́тницу
          суббо́ту
          воскресе́нье

Задание 5. Скажите, что они хотят и что должны делать.

Урок 9 (девять)

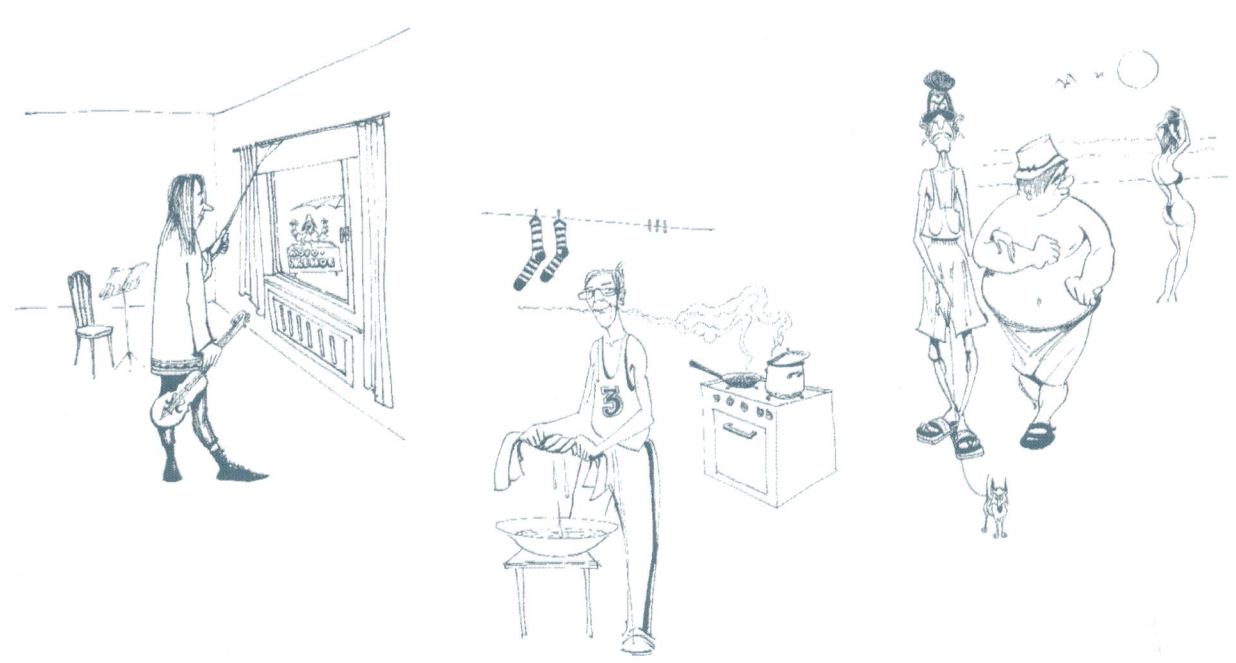

Прочитайте слова, найдите их в словаре.

билéт	дать	вáжный	сегóдня	éсли
продýкты	игрáть			почемý
	обменя́ть			потомý что

домáшнее задáние
óчень жаль!

Прочитайте диалог.

Рамóн: Аллó, э́то Хуссéйн?

Хуссéйн: Да, э́то я.

Рамóн: Привéт, Хуссéйн. Э́то Рамóн. Что ты дéлаешь?

Хуссéйн: Я дéлаю домáшнее задáние.

Рамóн: В суббóту?! А ты не хóчешь смотрéть футбóл? Сегóдня интерéсный матч. Игрáют Испáния и Алжи́р.

Хуссéйн: Я óчень хочý, но, к сожалéнию, я не могý. В понедéльник контрóльная рабóта. Я дóлжен учи́ть нóвые словá, читáть тéксты, слýшать магнитофóн.

Рамóн: Но ты мóжешь дéлать э́то в воскресéнье.

пятьдеся́т три 53

Хуссейн: В воскресéнье я тóже не могу́. Я дóлжен обменя́ть дéньги, купи́ть проду́кты и нóвый большóй словáрь.

Рамон: Но матч óчень интерéсный и вáжный. Éсли ты хóчешь, я могу́ дать мой словáрь и купи́ть билéты.

Хуссейн: Нет, Рамóн, большóе спаси́бо, но я не могу́.

Рамон: Но почему́?

Хуссейн: Потому́ что я хочу́ говори́ть по-ру́сски хорошó и прáвильно. И я дóлжен мнóго рабóтать.

Рамон: Óчень жаль. Ну извини́. До свидáния.

Хуссейн: Покá, Рамóн.

Задание 6. Ответьте на вопросы.

1. Что делает Хуссейн? 2. Почему звонит Рамон? 3. Какой сегодня матч? 4. Кто играет? 5. Почему Рамон хочет смотреть этот матч? 6. Почему Хуссейн не может смотреть футбол? 7. Что он должен делать? 8. Что Хуссейн должен делать в воскресенье? 9. Почему Хуссейн должен много работать?

Задание 7. Предложите своим друзьям: смотреть новый фильм; слушать новые кассеты; купить билеты в театр; гулять.

Прочитайте шутки.

1. — Моя́ дочь мóжет игрáть на гитáре, води́ть маши́ну, говори́ть по-францу́зски, петь. А что вы мóжете дéлать, молодóй человéк?

— Я... могу́ готóвить обéд, — ти́хо сказáл молодóй человéк.

2. Врач:

— Ивáн Петрóвич, вы должны́ брóсить пить, кури́ть, встречáться с жéнщинами.

— Но ведь я мужчи́на, дóктор!

— Мóжете продолжáть бри́ться!

Отдохните.

1. Вы не слышали, что хочет, может или должен сделать ваш товарищ. Переспросите его.

Модéль:
— Я хочу спать. (*тихо*)
— Что ты хочешь?
— Спать.

Урок 9 (девять)

2. Дополните фразы, которые говорит преподаватель, по модели.

Модель:

Это журнал. — Это *мой* журнал. — Это мой *новый* журнал.

3. Уточните информацию, которую даёт преподаватель.

Модель:
— Это театр.
— Какой это театр?
— Это старый театр.

10
Десятый урок (повторительный)

Кто это? Что это?

Единственное число			Множественное число
м.р. **он**	ж.р. **она**	ср.р. **оно**	**они**
Виктор журнал карандаш словарь музей санаторий	Анна газета книга неделя тетрадь аудитория	 место письмо море здание	журналы газеты карандаши книги словари недели места музеи тетради письма санатории аудитории моря здания

56 пятьдесят шесть

Урок 10 (десять)

```
— к
— г
— х
— ш  → и    студентки
— щ          врачи
— ч          ножи и т.д.
— ж
```

он	—	они
брат	—	братья
друг	—	друзья
сын	—	сыновья
стул	—	стулья
дом	—	дома
город	—	города
ребёнок	—	дети
человек	—	люди

она	—	они
мать	—	матери
дочь	—	дочери

Чей?

чей?		чья?		чьё?		чьи?	
мой	друг	моя	подруга	моё		мои	газеты
твой	город	твоя	страна	твоё		твои	друзья
его/её	журнал	его/её	газета	его/её	место	его/её	тетради
наш	каран-	наша	книга	наше	окно	наши	места
	даш						
ваш		ваша	тетрадь	ваше	задание	ваши	окна
их	словарь	их		их		их	

Кто?

я	мы
ты	вы
он, она	они

Какой?

Какой?	Какая?	Какое?	Какие?
интересн**ый** фильм	интересн**ая** книга	интересн**ое** письмо	интересн**ые** фильмы, книги, письма
син**ий** карандаш	син**яя** сумка	син**ее** море	син**ие** чашки

Как?

хорошо ≠ плохо   (не)красиво
много ≠ мало   (не)интересно
легко ≠ трудно   (не)внимательно
широко ≠ узко   (не)правильно
быстро ≠ медленно   (не)давно

Сравните.

Какой?
Петербург — красивый город.
Он хороший врач.
Это трудный текст.

Как?
Он пишет красиво.
Он работает хорошо.
Говорить по-русски трудно.

Что делать?

I	II
читать	**говорить**
я чита**ю**	я говор**ю**
ты чита**ешь**	ты говор**ишь**
он/она чита**ет**	он/она говор**ит**
мы чита**ем**	мы говор**им**
вы чита**ете**	вы говор**ите**
они чита**ют**	они говор**ят**
Читай(те)!	Говори(те)!

러시아어 회화 1 | **Урок 10 (десять)**

играть
спрашивать
отвечать
делать
думать
знать
изучать
смотреть (II)

я | хочу / могу / должен | есть / работать / спать

11
Одиннадцатый урок

— Том, у тебя есть брат?
— Да, у меня есть брат.
— А сестра?
— Тоже есть.

— У вас есть муж?
— Нет, у меня нет.

Что они читают?

— Что читает Сирпа?
— Она читает **журнал**.

— Что читает Хуссейн?
— Он читает **книгу**.

— Что смотрит Иван Петрович?
— Он смотрит **балет**.

— Что слушает Ирена?
— Она слушает **оперу**.

Урок 11 (одиннадцать)

Запомните!

он	Это магнитофон. Это словарь.	Я слушаю магнитофон. Я смотрю словарь.
она	Это книга. Это Россия. Это дочь.	Я читаю книгу. Я знаю Россию. Я люблю дочь.
оно	Это письмо. Это упражнение.	Я пишу письмо. Я делаю упражнение.
они	Это журналы. Это слова. Это лекции.	Я читаю журналы. Я учу слова. Я слушаю лекции.

Задание 1. Ответьте на вопросы, используя слова из скобок.

1. Что учит Сирпа? (слова, грамматика, текст, диалоги)
2. Что слушают Том и Ирена? (магнитофон, музыка, радио, концерт, опера, песни)
3. Что изучает Клаус? (история, литература, экономика, языки)
4. Что читает Хуссейн? (газета, текст, детектив)
5. Что смотрит Рамон? (фотографии, футбол, комедия, альбом, фильмы)
6. Что пишут студенты? (упражнение, слова, текст, фраза)

Запомните!

Что?	Когда?
у́тро	у́тром
день	днём
ве́чер	ве́чером
ночь	но́чью

Задание 2. Ответьте на вопросы.

1. Когда вы обычно читаете газеты? 2. Когда вы смотрите телевизор? 3. Когда вы слушаете музыку? 4. Когда вы пишете письма? 5. Когда вы делаете домашнее задание? 6. Когда вы учите слова? 7. Когда вы гуляете?

Задание 3. Спросите друг у друга, что вы обычно делаете утром, днём и вечером.

шестьдесят один

> **Запомните!**
>
> **люби́ть**
>
> | я люблю́ | мы лю́бим |
> |---|---|
> | ты лю́бишь | вы лю́бите |
> | он/она́ лю́бит | они́ лю́бят |

Зада́ние 4. а) Прочита́йте диало́ги.

— Я о́чень люблю́ спорт, а вы?
— Я не люблю́ спорт, я люблю́ му́зыку.

— Я люблю́ чай, а вы?
— Да, я то́же люблю́ чай.

— Мой брат лю́бит пи́во. А ваш?
— А мой брат не лю́бит пи́во. Он лю́бит молоко́. Он спортсме́н.

— Почему́ твоя́ сестра́ не лю́бит футбо́л?
— Я ду́маю, потому́ что её муж всё вре́мя смо́трит футбо́л.

б) Соста́вьте подо́бные диало́ги.

Зада́ние 5. Отве́тьте на вопро́сы.

1. Что лю́бит Том?

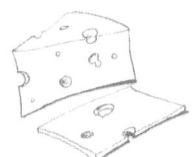

2. Что лю́бит Кла́ус?

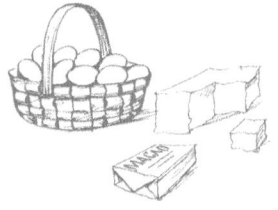

3. Что лю́бит Си́рпа?

4. Что лю́бит Ива́н Петро́вич?

5. Что лю́бит Хуссе́йн?

6. Что лю́бит Ире́на?

7. Что лю́бит Рамо́н?

Задание 6. Скажите, какие овощи и фрукты вы любите?

Óвощи

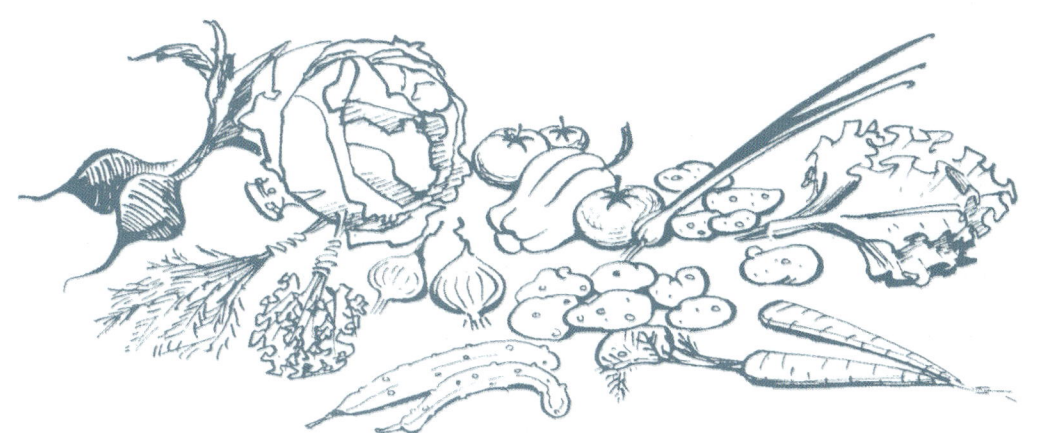

картóфель
лук
капýста
морко́вь
огурéц
помидóр
пéрец
свёкла

Фру́кты

я́блоко
апельси́н
бана́н
виногра́д
анана́с
гру́ша

Задание 7. Вы сидите за праздничным столом или в кафе. Спросите друг у друга, что вы любите, и предложите друг другу разные блюда.

Прочитайте слова, найдите их в словаре.

за́втрак — на за́втрак ка́ша, творо́г
обе́д — на обе́д мя́со, ры́ба
у́жин — на у́жин darkпаште́т, рис, сок, молоко́
 раз
 обы́чно
 и́ли

Прочитайте текст.

Что мы еди́м?

Ру́сские едя́т три ра́за в день: у́тром — за́втрак, днём — обе́д, ве́чером — у́жин.

На за́втрак мы обы́чно еди́м бутербро́ды, ка́шу и́ли соси́ски, я́йца и́ли творо́г. Мы пьём ко́фе и́ли чай.

Наш обе́д — э́то сала́т, суп (щи, борщ, рассо́льник), мя́со и́ли ры́ба. Мы лю́бим и макаро́ны, и рис, и карто́фель. Мы пьём сок, во́ду и́ли чай.

Ве́чером мы еди́м до́ма. На у́жин мы лю́бим есть блины́, пельме́ни, сыр, колбасу́. Пьём обы́чно сок, молоко́ и́ли чай.

Запомните!	
есть	пить
я ем	я пью
ты ешь	ты пьёшь
он/она́ ест	он/она́ пьёт
мы еди́м	мы пьём
вы еди́те	вы пьёте
они́ едя́т	они́ пьют
Ешь! Е́шьте!	Пей! Пе́йте!

Зада́ние 8. Отве́тьте на вопро́сы.

а) 1. Ру́сские едя́т три ра́за в день, а вы? 2. Что едя́т ру́сские на за́втрак? 3. А како́й ваш типи́чный за́втрак? 4. Что вы пьёте у́тром? 5. А ру́сские? 6. Что обы́чно едя́т и пьют на обе́д? 7. А что вы лю́бите есть и пить на обе́д? 8. Вы еди́те суп? 9. Что вы еди́те на у́жин? 10. Что вы пьёте ве́чером? 11. А ру́сские?

б) Расскажи́те о ва́шей национа́льной ку́хне.

Прочитайте шутки.

1. То́лько для мужчи́н.
 Ба́рмена спроси́ли:
 — Что в э́том ми́ксере?
 — Э́то де́нди-ром.
 — А что э́то?

— Са́хар, молоко́ и ром.
— А како́й он на вкус?
— Отли́чный! Са́хар даёт ему́ си́лу, молоко́ даёт эне́ргию.
— А ром?
— Иде́ю, что де́лать с си́лой и эне́ргией.

2. — Вам пи́во? — спра́шивает официа́нт.
— Нет, я на маши́не, пожа́луйста, минера́льную во́ду.
Через мину́ту официа́нт даёт пи́во и говори́т:
— Вы уже́ мо́жете пить пи́во, ва́шу маши́ну кто́-то укра́л.

3. Ма́ленький ма́льчик не хо́чет спать. Мать говори́т ему́:
— Уже́ 9 часо́в, а ты ещё не спишь! Что ска́жет оте́ц, когда́ придёт домо́й?
— Он ска́жет: «У́жинать! У́жинать! Что сего́дня на у́жин?»

Отдохни́те.

1. Кто лу́чше зна́ет ру́сскую ку́хню? Называ́йте ру́сские блю́да. Выи́грывает назва́вший после́днее.

2. Что купи́ть к обе́ду? Называ́йте проду́кты, скажи́те, что мы из них пригото́вим.

3. Напиши́те реце́пт ва́шего люби́мого блю́да.

4. Соста́вьте меню́ на день.

12

Двенадцатый урок

— Скажи́те, пожа́луйста, где здесь у́лица Ми́ра?
— У́лица Ми́ра?.. Не зна́ю.
— Я зна́ю, где у́лица Ми́ра.

— Скажи́те, пожа́луйста, где нахо́дится банк?
— Вот он.

Где мой слова́рь?

— **Где** мой слова́рь?
— **На столе́**.
— А тетра́дь?
— Вот она́, **в столе́**.

— **Где** рабо́тает твоя́ сестра́?
— Она́ рабо́тает **на по́чте**.

— **Где** живёт госпожа́ Петро́ва?
— Она́ живёт **в Москве́**.

러시아어 회화 1 | **Урок 12 (двенадцать)**

	Что?	**Где?**
Он:	это университет	Он работает в университет**е**.
	это портфель	Книга в портфел**е**.
	это музей	Картина в музе**е**.

шкаф	— в шкаф**у́**
угол	— на/в угл**у́**
сад	— в сад**у́**
лес	— в лес**у́**
мост	— на мост**у́**
аэропорт	— в аэропорт**у́**
дом	— д**о́**ма

Она:	это комната	Анна читает в комнат**е**.
	это кухня	Мама в кухн**е**.
	это Россия	Мы живём в Росси**и**.
	это тетрадь	Мы пишем в тетрад**и**.
Оно:	это письмо	Фотография в письм**е**.
	это море	Мы отдыхаем на мор**е**.
	это общежитие	Студенты живут в общежити**и**.
Они:	города	в город**а́х**
	словари	в словар**я́х**
	газеты	в газ**е́тах**
	тетради	в тетр**а́дях**
	окна	на **о́кнах**
	общежития	в общежи**́тиях**

Задание 1. Ответьте на вопросы.

1. Где живёт Иван Петрович? 2. Где живёт Рамон? 3. Где живёт Ирена? 4. Где живёт Том? 5. Где живёт Хуссейн? 6. Где живёт Сирпа? 7. Где живёт Клаус? 8. А где вы живёте?

Прочитайте слова, найдите их в словаре.

леж**а́**ть	род**и́**тели
расск**а́**зывать	библиот**е́**ка
уч**и́**ться	п**е́**нсия
	(на п**е́**нсии)
там	
теп**е́**рь	
пот**о́**м	

шестьдесят семь **67**

Прочитайте текст.

На уроке

Это наша аудитория. На столе лежат наши книги, тетради, словари.

Сейчас мы на уроке. Мы изучаем грамматику. Иван Петрович спрашивает, а Том отвечает.

— Где вы сейчас живёте?
— Я живу в Петербурге.
— А где живут ваши родители?
— Они живут в Америке, в штате Аризона.

Потом отвечает Рамон.

— Я тоже сейчас живу в Петербурге.
— А где?
— На Московском проспекте, в общежитии.
— У вас хорошее общежитие?
— Да, очень. Там есть спортивный зал, библиотека и кафе.

Теперь рассказывает Сирпа.

— У меня есть брат и сестра. Они живут в Финляндии. Мой брат работает на ферме, а моя сестра учится в университете. Мои родители не работают. Они на пенсии и сейчас живут в Испании.

Запомните!	
учиться	
я учусь	мы учимся
ты учишься	вы учитесь
он/она учится	они учатся

Задание 2. Ответьте на вопросы.

1. Где сейчас Иван Петрович и его ученики? 2. Где лежат их книги и тетради? 3. Что они изучают? 4. Кто отвечает первый? 5. Где живёт Том? 6. Где живут его родители? 7. Кто отвечает потом? 8. Где живёт Рамон? 9. Что рассказывает Сирпа?

Запомните!	
В университете	НА вокзале, НА станции
В музее	НА улице, НА проспекте, НА площади
В городе	НА заводе
В театре	НА стадионе
В библиотеке	НА почте
В магазине	НА рынке

Задание 3. Посмотрите на рисунки и ответьте на вопросы.

러시아어 회화 1 | **Урок 12 (двенадцать)**

Том сейчас дома или в библиотеке?

Сирпа в Петербурге или в Хельсинки?

Ирена сейчас в институте или на стадионе?

Хуссейн на почте или в кино?

Рамон сейчас в магазине или на улице?

Иван Петрович в театре или в библиотеке?

Задание 4. Скажите, кто где работает.

Сергей   Вера   Василий Васильевич

Константин   Татьяна Борисовна   Елена Михайловна

на се́вере
на за́паде
на восто́ке
на ю́ге
в це́нтре

Задание 5. Посмотрите на карту России. Скажите, где находятся Москва, Мурманск, Хабаровск, Астрахань, Новосибирск, Санкт-Петербург, Екатеринбург, Владивосток, Самара, Иркутск.

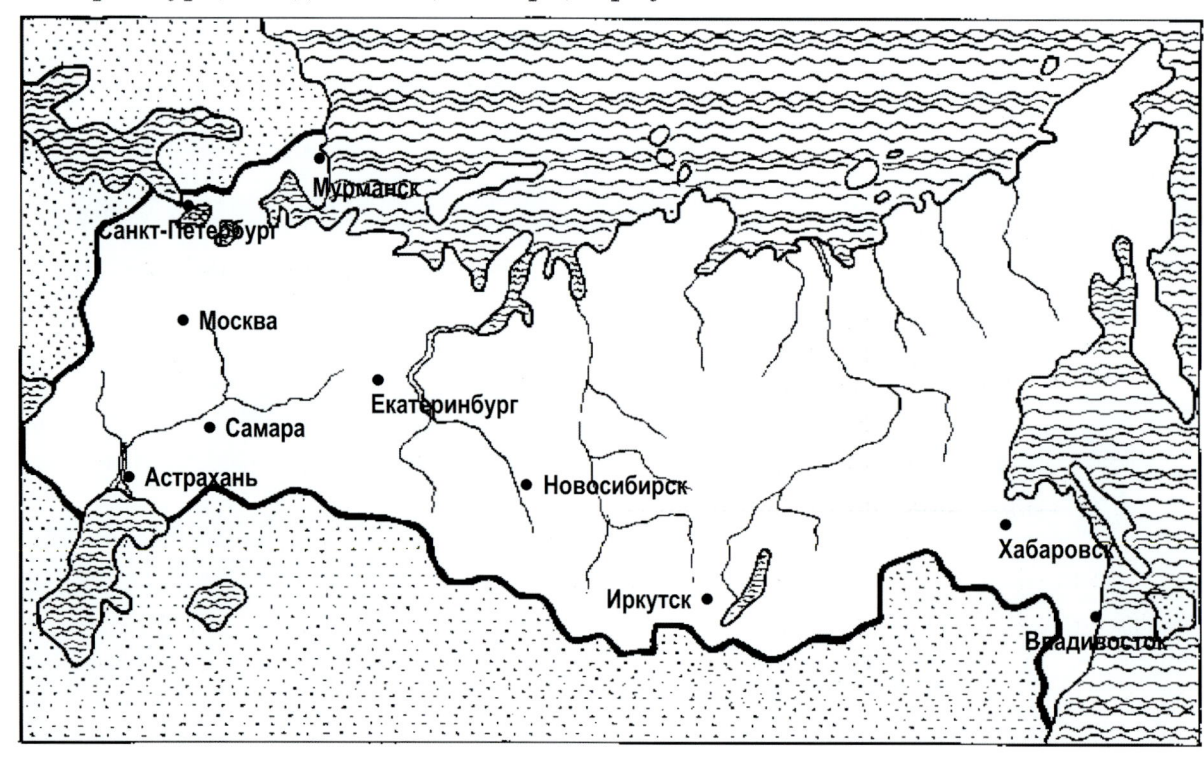

Задание 6. Скажите, какие большие и известные города находятся на севере, на юге, на востоке, на западе и в центре вашей страны.

Обратите внимание!

Сирпа живёт **в большом городе**, а её брат живёт **в маленькой деревне**.
Виктор работает **в историческом музее**, а Наташа — **в технической библиотеке**.
Наши друзья живут **в разных городах и странах**.

какой? какое?	в/на каком?
нов**ый** дом	в нов**ом** доме,
нов**ое** здание	здании
хорош**ий** магазин	в хорош**ем** магазине,
хорош**ее** место	месте

какая?	в/на какой?
больш**ая** комната	в больш**ой** комнате
хорош**ая** школа	в хорош**ей** школе

какие?	в/на каких?
больш**ие** хорош**ие** аудитории	в больш**их** хорош**их** аудиториях

Прочитайте шутки.

1. — Твоя́ жена́ весь день на ку́хне. Она́ лю́бит гото́вить?
   — Что ты! Нет, коне́чно! На ку́хне телефо́н.

2. Ма́ленький ма́льчик заблуди́лся.
   — На како́й у́лице ты живёшь? — спра́шивает милиционе́р.
   — Я живу́ не на у́лице, а до́ма.

Отдохните.

1. Отгадайте, где?
   Один учащийся выходит из класса. Прячется какая-либо вещь. Вернувшись, водящий задаёт вопросы:
   — Ручка в сумке?
   Отвечаем по цепочке:
   — Нет, не в сумке, и т.п.

2. Кто лучше знает Петербург?
   Преподаватель спрашивает:
   — Где находится Русский музей? (Эрмитаж, Гостиный двор, Дом книги, Мариинский театр, Филармония)

3. Конкурс эрудитов. Скажите, где жил Гёте? (Пушкин, Бальзак, Черчилль, Сервантес, Марлен Дитрих, Джордж Вашингтон, Ян Сибелиус, Ганс Христиан Андерсен)

13
Тринадцатый урок

— Да. (Алло́. Слу́шаю.)
— Здра́вствуйте.
— До́брый день.
— Мо́жно Серге́я (Ири́ну)? (Позови́те, пожа́луйста, Серге́я (Ири́ну).)
— Да, пожа́луйста, сейча́с. (Мину́точку.) — Его́/её нет до́ма.
— Извини́те, пожа́луйста.

Что вы делали вчера?

— Ире́на, что вы **де́лали** вчера́?
— Я **игра́ла** в те́ннис в па́рке.

— Том, где ты **был** вчера́?
— Вчера́ я **был** в теа́тре.

— Кла́ус, где вы **учи́лись**?
— Я **учи́лся** в университе́те в Берли́не.

Урок 13 (тринадцать)

> **Запомните!**
>
> **жить**
> (жи — ть + л → жил, жила, жили)
> **учиться**
> (учить — ся → учи + л + ся → учился, училась, учились)

	делать	*любить*	*бояться*	*быть*
я, ты, он	делал	любил	боялся	был
я, ты, она	делала	любила	боялась	была
мы, вы, они	делали	любили	боялись	были

когда?		*быть*	*где?*
сейчас	Сергей	—	в театре
вчера	Сергей	был	в театре

был	была	были
не был	не была	не были

Задание 1. Прочитайте глаголы.

читáть — читáл, читáла, читáли
дéлать — дéлал, дéлала, дéлали
жить — жил, жилá, жи́ли
смотрéть — смотрéл, смотрéла, смотрéли
писáть — писáл, писáла, писáли
учи́ться — учи́лся, учи́лась, учи́лись

Задание 2. Скажите, где были и что делали эти люди.

семьдесят три 73

Задание 3. Спросите друг друга, где вы были вчера и что делали.

Запомните!	
Что он видит?	***Кого*** он видит?
Он видит дом школу школы и дома	Он видит студент**а**, преподавател**я** студентк**у** студент**ов**, преподавател**ей** студент**ок**

ждать, встречать, слушать, спрашивать, знать

Задание 4. Закончите предложения.

Туристы слушают _____

Наташа ждёт _____

Василий и Светлана встречают _____

Дима и Катя знают _____

Саша спрашивает _____

Мама видит _____

Урок 13 (тринадцать)

Прочитайте слова, найдите их в словаре.

целова́ть	ме́сяц
встре́тить	ска́зка

кста́ти	дорого́й
иногда́	ую́тный
ва́жно	

Сирпа пишет письмо.

Дорогой Мишель!

Уже месяц я в Петербурге. Сейчас вечер, а вечером, как ты знаешь, я люблю писать письма. Ты спрашиваешь, как я живу и учусь.

Петербург — большой и красивый город. Я уже была в Эрмитаже, в Русском музее, видела Летний сад и Петропавловскую крепость. Кстати, в Эрмитаже я встретила нашего испанского друга Марка! Он сейчас работает здесь в испанской фирме.

Я уже писала, что живу в русской семье. Они не говорят по-фински и по-английски, и я много говорю по-русски.

Утром я завтракаю дома. Потом у меня занятия в языковом центре. Это так интересно! Вчера на уроке я рассказывала по-русски финскую сказку.

Днём я обычно обедаю в маленьком уютном кафе. Потом у нас экскурсия или лекция. Вчера мы были в Казанском соборе.

А вечером — концерты, театры, дискотеки...

Но и работаю я тоже много. Иногда я учу слова даже ночью.

Пожалуйста, пиши часто. Я думаю, ты понимаешь, как это важно.

Целую, Сирпа.

P.S. _____

Задание 5. Ответьте на вопросы.

1. Где сейчас живёт Сирпа? 2. Что она любит делать вечером? 3. Что она уже видела в Петербурге? 4. Кого она встретила в Эрмитаже? 5. В какой семье она живёт? 6. Почему в семье она говорит по-русски? 7. Что Сирпа обычно делает утром, днём и вечером? 8. Как вы думаете, какой P.S. может быть в этом письме? Напишите его.

Задание 6. Расскажите, как вы живёте в России.

Обратите внимание!

Вчера я видел **моего старого** друга Антона и его **новую** подругу Наташу. Сегодня мы встречаем **наших московских** друзей.

какой?	какого?
старый друг	стар**ого** друга
какая?	какую?
русская подруга	русск**ую** подругу
какие?	каких?
новые друзья и подруги	нов**ых** друзей и подруг

Прочитайте шутки.

1. Дóктор:
   — Вам нельзя́ ни пить, ни кури́ть, ни игра́ть в ка́рты!
   — Ка́жется, у вас уже́ была́ моя́ жена́.

2. В кни́жном магази́не:
   — Я хочу́ купи́ть каку́ю-нибудь кни́гу.
   — Чтó-нибудь лёгкое?
   — Э́то нева́жно, я на маши́не.

Отдохните.

1. Задайте своему товарищу как можно больше вопросов о нём. Выигрывает задавший последний вопрос.

2. Вы не слышали, где был ваш товарищ вчера, что делал, переспросите его.
   — Я вчера слушал музыку.
   — Что ты делал?

   — Я был вчера в цирке.
   — Где ты был?

3. Как организован ваш день? Выберите себе одну из следующих ролей: студент, пенсионер, инженер, учитель, художник.

   Утром я _____
   Днём я _____
   Вечером я _____

14

Четырнадцатый урок

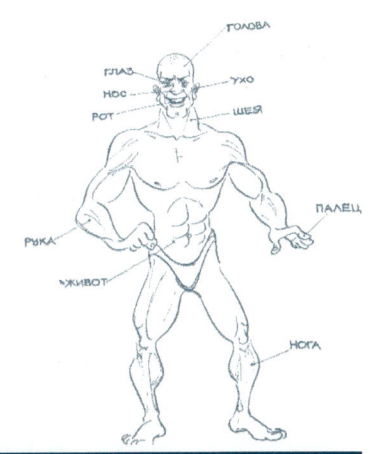

— Что с ва́ми?
— Я пло́хо себя́ чу́вствую.
— Что у вас боли́т?
— У меня́ боли́т голова́.

Что вы бу́дете де́лать за́втра?

— Хуссе́йн, что ты **бу́дешь де́лать** за́втра?
— За́втра я **бу́ду рабо́тать** в библиоте́ке.
— А что **бу́дут де́лать** Си́рпа и Ире́на?
— Они́ **бу́дут отдыха́ть**.

я	бу́ду		де́лать
ты	бу́дешь		говори́ть
он/она́	бу́дет	+	чита́ть
мы	бу́дем		писа́ть
вы	бу́дете		рабо́тать
они́	бу́дут		отдыха́ть

Зада́ние 1. Скажи́те, что они́ бу́дут де́лать в воскресе́нье.

Том бу́дет ___   Хуссе́йн и Ире́на бу́дут ___   Мы бу́дем ___

семьдесят семь

Сирпа будет ___   Мы будем ___   Ирена будет ___

Задание 2. а) Посмотрите ещё раз задание № 4, урок 9. Скажите, что будет делать Клаус в понедельник, во вторник и т.д.

б) Скажите, что вы будете делать сегодня вечером.

Сегодня у нас нет урока.

у меня есть	билет словарь газета лекция пиво платье деньги	у меня нет	билета словаря газеты лекции пива платья денег

сегодня	у меня у тебя у него	нет	
вчера	у неё у нас у вас	не было	экзамена
завтра	у них у Петра у Анны	не будет	

У меня нет времени.

Задание 3. Составьте диалоги по модели.

Модель:

— Я хочу купить машину.
— Разве у тебя нет машины?

— Том хочет купить фотоаппарат.
— Разве у него нет фотоаппарата?

Задание 4. Сравните две комнаты, скажите что есть и чего нет в комнате Ирены и Рамона.

Модель: В комнате Ирены есть магнитофон, а в комнате Рамона нет магнитофона.

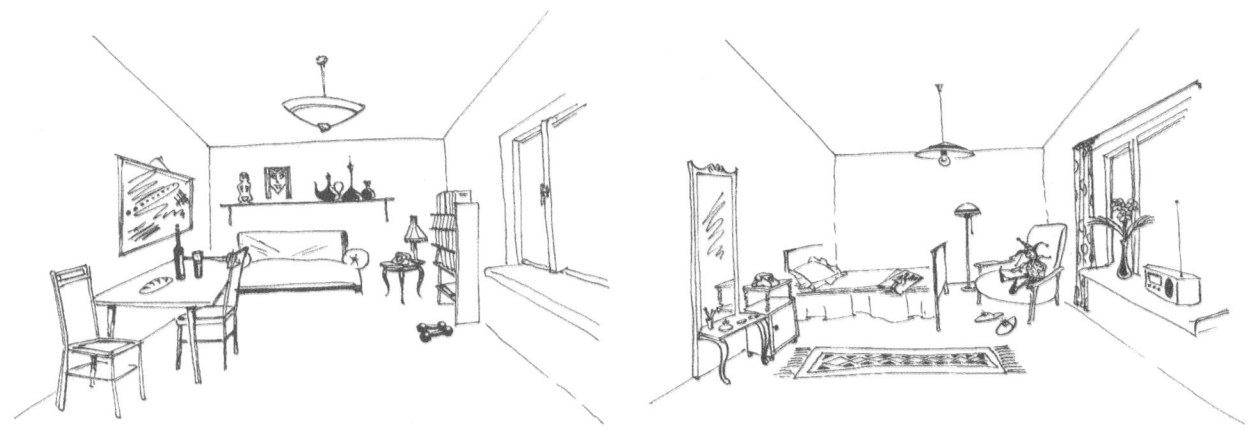

Прочитайте слова, найдите их в словаре.

кашель	начинать
насморк	чувствовать себя
грипп	опоздать
лекарство	

высокий	обязательно
горячий	никогда
	после

Прочитайте текст.

Ирена плохо себя чувствует

Иван Петрович: Здравствуйте! Начинаем урок. Кстати, а где сегодня Ирена? И Сирпы тоже нет?

Хуссейн: Я знаю, где они. Ирена дома, она плохо себя чувствует, и Сирпа сейчас там. Они ждут врача. Но Сирпа сказала, что она обязательно будет на уроке. О... вот и она.

Сирпа: Здравствуйте! Извините, пожалуйста, я опоздала, потому что была у Ирены.

Иван Петрович: Ну, как она? У неё есть температура?

Сирпа: Нет, сегодня у неё нет температуры. У неё кашель и насморк. И очень болит голова. А вчера температура была высокая.

Иван Петрович: Врач уже́ был? Что он сказа́л?
Си́рпа: Он ду́мает, что у неё грипп, и она́ должна́ лежа́ть.
Кла́ус: А лека́рства у неё есть?
Си́рпа: У неё есть то́лько витами́ны.
Кла́ус: А аспири́н?
Си́рпа: Аспири́на нет. Но я могу́ купи́ть его́ в апте́ке по́сле уро́ка.
Том: А что она́ бу́дет есть? Мы должны́ купи́ть и проду́кты.
Си́рпа: Но у неё о́чень плохо́й аппети́т.
Том: Мо́жно купи́ть апельси́новый сок. Я ду́маю, она́ бу́дет его́ пить.
Иван Петрович: А молоко́? В Росси́и, когда́ боле́ют, пьют горя́чее молоко́.
Си́рпа: Нет, она́ никогда́ не пьёт молоко́. Она́ его́ не лю́бит. А мо́жет быть, купи́ть шокола́д?
Иван Петрович: Я ду́маю, мо́жно купи́ть и сок, и шокола́д, и, коне́чно, цветы́.

Зада́ние 5. Отве́тьте на вопро́сы.

1. Почему́ Иры́ены нет на уро́ке? 2. Где сейча́с Си́рпа? 3. Кого́ они́ ждут? 4. Что рассказа́ла Си́рпа? 5. Как чу́вствует себя́ Иры́ена? 6. Что сказа́л врач? 7. Каки́е лека́рства есть у Иры́ены? 8. Что хотя́т купи́ть её друзья́?

Зада́ние 6. Спроси́те друг у дру́га, что рекоменду́ют в ва́шей стране́, е́сли у вас температу́ра, на́сморк и ка́шель?

Обрати́те внима́ние!

У меня́ нет хоро́ш**его** больш**о́го** словаря́.
У Иры́ены нет хоро́ш**ей** больш**о́й** су́мки.
В на́шей гру́ппе нет ру́сск**их** студе́нтов.

како́й?	**како́го?**
хоро́ший спорти́вный костю́м	хоро́ш**его** спорти́вн**ого** костю́ма
кака́я?	**како́й?**
хоро́шая больша́я маши́на	хоро́ш**ей** больш**о́й** маши́ны
каки́е?	**каки́х?**
больши́е но́вые университе́ты и шко́лы	больш**и́х** но́в**ых** университе́тов и школ

Прочита́йте шу́тки.

1. — У меня́ нос ма́мы, а глаза́ па́пы, — говори́т оди́н ма́льчик.
   — А у меня́ нос де́душки, а глаза́ тёти, — говори́т друго́й.
   — А у меня́ джи́нсы моего́ ста́ршего бра́та.

2. Реко́рд.
   Изве́стный спортсме́н лежи́т в посте́ли, у него́ грипп.

Урок 14 (четырнадцать)

Врач говорит:
— Мой друг, у вас очень высокая температура!
— Сколько? — спрашивает спортсмен.
— 39,5 (тридцать девять и пять), — говорит врач.
— Да? А какой рекорд мира? — спрашивает больной чемпион.

Отдохните.

1. Ответьте на вопрос по модели.

Модель:

— Концерт был вчера?
— Нет, он будет завтра.

2. Отгадайте, что у кого болит.

Один учащийся показывает, что у него болит (рука, нога, голова, зубы и т. д.). Другой комментирует: У него (у неё) болит ____ .

15
Пятнадцатый урок

— Вам нра́вится э́та карти́на?
— Да, мне о́чень нра́вится.

— Тебе́ нра́вятся ру́сские наро́дные пе́сни?
— Нет, не о́чень. Мне нра́вится джаз.

Прочита́йте числи́тельные.

0 ноль
1 оди́н (m), одна́ (f), одно́ (n)
2 два (m\n), две (f)
3 три
4 четы́ре
5 пять
6 шесть
7 семь
8 во́семь
9 де́вять
10 де́сять

11 оди́ннадцать
12 двена́дцать
13 трина́дцать
14 четы́рнадцать
15 пятна́дцать
16 шестна́дцать
17 семна́дцать
18 восемна́дцать
19 девятна́дцать
20 два́дцать
21 два́дцать оди́н

22 два́дцать два
30 три́дцать
31 три́дцать оди́н
40 со́рок
41 со́рок оди́н
50 пятьдеся́т
60 шестьдеся́т
70 се́мьдесят
80 во́семьдесят
90 девяно́сто
100 сто

200 две́сти
300 три́ста
400 четы́реста

500 пятьсо́т
600 шестьсо́т
700 семьсо́т

800 восемьсо́т
900 девятьсо́т
1000 ты́сяча

러시아어 회화 1 | **Урок 15 (пятнадцать)**

Задание 1. Прочитайте номера телефонов.

02	— милиция
03	— скорая помощь
09	— справочное по городу
219-16-15	— Русский музей
114-52-64	— Мариинский театр
312-19-62	— Музей-квартира А.С.Пушкина
_____	— мой номер телефона

Ско́лько э́то сто́ит?

— Како́й хоро́ший костю́м. Ско́лько он сто́ит?
— Он сто́ит 73 (се́мьдесят три) до́ллара.

— Ско́лько стоя́т э́ти часы́?
— Они́ стоя́т 200 (две́сти) рубле́й.

Сколько?

1, 21, 31, _____	(_____ оди́н) до́ллар, рубль
2, 3, 4, 22, 34, 43, ____	(_____ два, три, четы́ре) до́лла**ра**, рубл**я́**
5, 6—20, 25—30, 35—40	до́лла**ров**, рубл**е́й**

Сколько?

1, 21, 31 ___	(_____ одна́) ты́сяча, ма́рка
2, 3, 4, 22, 34, 43 ___	(две, три, четы́ре) ты́сяч**и**, ма́рк**и**
5, 6—20, 25—30, 35—40	ты́сяч, ма́р**ок**

Задание 2. Скажи́те, ско́лько стоя́т э́ти ве́щи.

Моде́ль:

— Ско́лько сто́ит э́та ма́рка?
— Ма́рка сто́ит два рубля́.

восемьдесят три **83**

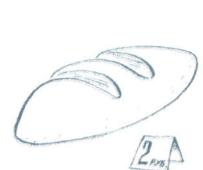

Прочитайте слова, найдите их в словаре.

печенье
конфеты
коробка
продавец
девушка
персик
ананас

нравиться
решить
выбирать

дорогой ≠ дешёвый
(не)вкусный

этот
вместе
лучше
больше всего
отлично

Прочитайте текст.

Сколько это стоит?

Вчера наша группа была в магазине. Мы решили купить печенье, фрукты, конфеты и вино, потому что вечером мы хотели посидеть вместе, поговорить по-русски, потанцевать и послушать музыку.

Рамон хотел купить испанское вино, но Клаус сказал, что французское вино лучше. Мы купили итальянское вино, потому что оно дешёвое. Хуссейн долго выбирал конфеты.

Продавец: Что вы хотите?
Хуссейн: Я хочу купить вкусные, красивые и недорогие конфеты.
Продавец: Вот эти конфеты очень вкусные и недорогие.
Хуссейн: Сколько они стоят?
Продавец: Маленькая коробка стоит 10 рублей, а большая — 22 рубля.
Хуссейн: Дайте, пожалуйста, одну маленькую коробку за 10 рублей, торт и печенье за 13 рублей.
Продавец: Пожалуйста. С вас 45 рублей.
Хуссейн: Спасибо.

А в это время Том и девушки выбирали фрукты.
Том: Ирена, какие фрукты ты любишь?
Ирена: Больше всего я люблю персики.
Том: А ты, Сирпа, что любишь?
Сирпа: Я всё люблю, мне нравятся все фрукты.

Том: А я о́чень люблю́ апельси́ны. В Аме́рике все едя́т апельси́ны и пьют апельси́новый сок.

Ире́на: Прекра́сно! Мо́жно купи́ть килогра́мм пе́рсиков, 2 килогра́мма бана́нов и апельси́новый сок. Ско́лько э́то сто́ит?

Продаве́ц: 33 рубля́.

Том: Ско́лько?! Мы не ду́мали, что э́то так до́рого!

Си́рпа: Мо́жет быть, купи́ть оди́н большо́й анана́с? Ско́лько он сто́ит?

Продаве́ц: 18 рубле́й.

Том: Отли́чно, да́йте, пожа́луйста, э́тот анана́с.

Ве́чер был прекра́сный. Мы танцева́ли, слу́шали му́зыку, говори́ли по-ру́сски, пи́ли вино́ и е́ли конфе́ты.

я люблю́ = мне нра́вится

он	она	оно	они
этот	*эта*	*это*	*эти*
ананас	коробка	вино	конфеты

Зада́ние 3. Отве́тьте на вопро́сы.

1. Где вчера́ бы́ли студе́нты? 2. Что они́ хоте́ли купи́ть? 3. Како́е вино́ хоте́л купи́ть Рамо́н? 4. Како́е вино́ они́ купи́ли? 5. Почему́ они́ не купи́ли францу́зское вино́? 6. Что купи́л Хуссе́йн? 7. Ско́лько всё э́то сто́ило? 8. Ско́лько сто́ил торт? 9. Что выбира́ли Том и де́вушки? 10. Почему́ они́ не купи́ли то, что хоте́ли? 11. Что они́ купи́ли и ско́лько э́то сто́ило? 12. Что они́ де́лали ве́чером?

Зада́ние 4. Вы ждёте в го́сти Ива́на Петро́вича. Обсуди́те, что купи́ть к столу́?

Зада́ние 5. Что вы обы́чно покупа́ете, когда́ у вас го́сти?

Прочита́йте шу́тки.

1. Учи́тель спра́шивает Тото́:
   — Ско́лько бу́дет четы́ре и шесть?
   — Пятна́дцать (15).
   — А двена́дцать и семь?
   — Два́дцать во́семь (28).
   — Скажи́, Тото́, а кто твой оте́ц?
   — Официа́нт в рестора́не.

2. Учи́тель спра́шивает:
— Как мо́жно раздели́ть 5 карто́шек на 6 челове́к?
— На́до сде́лать пюре́, — отве́тил учени́к.

3. *Тётя*: Вот тебе́ конфе́та.
Пе́тя: Спаси́бо, тётя.
Тётя: Молоде́ц, Пе́тя. Мне нра́вится, когда́ ма́льчики говоря́т спаси́бо.
Пе́тя: Е́сли вы хоти́те услы́шать спаси́бо ещё раз, да́йте мне ещё и я́блоко.

4. День рожде́ния.
— Па́па, дай мне, пожа́луйста, 15 рубле́й, — говори́т Пе́тя.
— А мне 20, — говори́т Ма́ша.
— Мне ну́жно 40 рубле́й, — говори́т жена́.
— Что с ва́ми сего́дня случи́лось? — спра́шивает оте́ц.
— Ты забы́л? У тебя́ сего́дня день рожде́ния.

Отдохни́те.

1. Преподава́тель называ́ет чётное число́, студе́нт сле́дующее чётное число́ в поря́дке возраста́ния. Пото́м рабо́таем таки́м же о́бразом с нечётными чи́слами. Зате́м выполня́ем э́то же зада́ние в поря́дке убыва́ния.

2. Прочита́йте назва́ния магази́нов:
«Бу́лочная», «Гастроно́м», «Молоко́», «О́вощи. Фру́кты».
Что там мо́жно купи́ть? Кто назовёт бо́льше проду́ктов?

3. Преподава́тель называ́ет слова́, уча́щиеся хло́пают, когда́ на́звано что-нибу́дь съедо́бное.

4. Спроси́те по цепо́чке.
Моде́ль:
А: Ско́лько сто́ит моро́женое?
Б: Моро́женое сто́ит _____ .

16
Шестнадцатый урок

— Мне ка́жется, экску́рсия в Но́вгород бу́дет о́чень интере́сная.
— Я уве́рен, я уже́ ви́дел програ́мму.

— Что купи́ть на у́жин?
— Я могу́ купи́ть о́вощи, а ты купи́ молоко́ и хлеб.
— Я согла́сен.

он уве́рен	он согла́сен
она уве́рен**а**	она согла́сн**а**
они уве́рен**ы**	они согла́сн**ы**

Запомните!

Что он делал?
Что он сделал?

Катя **писала** письмо.   Катя **написала** письмо.

восемьдесят семь **87**

Иван **читал** журнал. | Иван **прочитал** журнал. | Ирина **готовила** обед. | Ирина **приготовила** обед.

Прочитайте диалоги.

1. — Том, что ты делал вчера вечером?
   — Я учил новые слова.
   — Ты выучил все слова?
   — Да, все.

2. — Рамон, ты будешь обедать?
   — Спасибо, я уже пообедал.

3. — Ирена, что ты делала в воскресенье?
   — Я гуляла в парке, звонила в Варшаву и делала домашнее задание.
   — Ты сделала всё домашнее задание?
   — Я выучила слова, написала упражнение, но не прочитала текст.
   У меня не было времени.

Кто?	Что делал?	Как часто? Как долго?
Том	читал книги	каждый день
	покупал газеты	всегда, никогда, иногда
	получал письма	обычно, часто, редко
	показывал фотографии	целый (весь) вечер, 2 часа

Каждый день он читает газеты. Обычно мы обедаем в кафе.
Мы гуляли в парке 2 часа.

Кто?	Что сделал?	
Том	прочитал книгу	за 2 часа
	купил газеты	наконец
	получил письмо	уже
	показал фотографии	

Я прочитал рассказ за 2 часа. Сирпа наконец получила письмо.
Мы уже купили билеты.

88 восемьдесят восемь

Урок 16 (шестнадцать)

Запомните!

писа́ть	— **на**писа́ть	встреча́ть	— встре́**ти**ть
чита́ть	— **про**чита́ть	отвеча́ть	— отве́**ти**ть
учи́ть	— **вы́**учить	спра́**ши**вать	— спро**си́**ть
пить	— **вы́**пить	пока́**зы**вать	— показа́ть
де́лать	— **с**де́лать	расска́**зы**вать	— рассказа́ть
есть	— **съ**есть	забы**ва́**ть	— забы́ть
за́втракать	— **по**за́втракать	встава́ть	— встать
обе́дать	— **по**обе́дать	дава́ть	— дать
у́жинать	— **по**у́жинать	понима́ть	— поня́ть
звони́ть	— **по**звони́ть	выби**ра́**ть	— вы́**бр**ать
гото́вить	— **при**гото́вить	покупа́ть	— купи́ть
плати́ть	— **за**плати́ть	**бра**ть	— **взя**ть
		говори́ть	— сказа́ть

Задание 1. Отве́тьте на вопро́сы по моде́ли.

Моде́ль: — Том, почему́ ты не чита́ешь текст?
— Я уже́ прочита́л его́.

1. Ире́на, почему́ ты не пьёшь ко́фе? 2. Рамо́н, почему́ ты не пи́шешь упражне́ние? 3. Почему́ Си́рпа не де́лает дома́шнее зада́ние? 4. Почему́ Хуссе́йн не покупа́ет газе́ты? 5. Почему́ Ива́н Петро́вич не обе́дает? 6. Том, почему́ ты не пока́зываешь фотогра́фии?

Задание 2. Скажи́те, что должны́ сде́лать на́ши геро́и.

Моде́ль: — Рамо́н ещё не чита́л э́тот расска́з.
— Он обяза́тельно до́лжен прочита́ть его́.

1. Си́рпа ещё не звони́ла в Хе́льсинки. 2. Кла́ус ещё не брал кни́ги в библиоте́ке. 3. Том ещё не плати́л за биле́ты в теа́тр. 4. Хуссе́йн сего́дня ещё не за́втракал. 5. Мы ещё не гото́вили у́жин. 6. Ире́на ещё не пила́ сего́дня лека́рство. 7. Они́ ещё не де́лали э́то упражне́ние.

Прочита́йте слова́, найди́те их в словаре́.

детекти́в	встава́ть	друго́й
начина́ться	ложи́ться	рад (-а, -ы)
конча́ться		уста́л (-а, -и)

Прочита́йте текст.

Кла́ус встреча́ет бра́та

Кла́ус обы́чно встаёт в 8 часо́в утра́. Но сего́дня он встал в 7, потому́ что вчера́ он был в теа́тре и не сде́лал дома́шнее зада́ние. И сейча́с он до́лжен вы́учить но́вые слова́ и повтори́ть грамма́тику.

В 8.30 Клаус поза́втракал. Он съел 2 бутербро́да, яйцо́ и вы́пил ча́шку ко́фе.

В 8.50 позвони́л Том и сказа́л:

— Кла́ус, ты уже́ прочита́л детекти́в, кото́рый ты купи́л в понеде́льник? Я то́же хочу́ его́ прочита́ть.

— Нет, я ещё чита́ю его́. Но я могу́ дать друго́й, то́же о́чень интере́сный.

— Большо́е спаси́бо.

В 9.15 Кла́ус уже́ в аудито́рии. Уро́ки начина́ются в 9.30 и конча́ются в 12.45.

По́сле уро́ков Кла́ус и его́ друзья́ обы́чно обе́дают вме́сте. Сего́дня Кла́ус не обе́дал, потому́ что в 2 часа́ он до́лжен был встреча́ть бра́та на Моско́вском вокза́ле. Кла́ус не́ был до́ма 2 ме́сяца и, коне́чно, рад ви́деть бра́та.

Брат сказа́л, что до́ма всё норма́льно. Сестра́ нашла́ интере́сную рабо́ту в друго́м го́роде, оте́ц купи́л но́вую маши́ну, ма́ма боле́ла, но сейча́с она́ чу́вствует себя́ хорошо́.

В три часа́ бра́тья бы́ли на экску́рсии в Эрмита́же, пото́м Кла́ус показа́л центр го́рода, Ле́тний сад и Ма́рсово по́ле. В Гости́ном дворе́ брат купи́л сувени́ры.

В 8 часо́в они́ поу́жинали в Литерату́рном кафе́ на Не́вском проспе́кте и в 9.30 уже́ бы́ли до́ма.

Они́ о́чень уста́ли и легли́ спать ра́но. Кла́ус опя́ть не сде́лал дома́шнее зада́ние и бу́дет де́лать его́ у́тром.

вставать	ложиться	начинаться	кончаться
я встаю	я ложусь	начинался	кончался
ты встаёшь	он/она ложится	начиналась	кончалась
они встают	они ложатся	начинались	кончались
вставал, -а, -и	ложился (-лась, -лись)	**начаться**	**кончиться**
встать	**лечь**	начался	кончился
встал, -а, -и	лёг	началась	кончилась
	легла	начались	кончились
	легли		

Который час?
Сколько сейчас времени?

1		час
2	два	
3	три	часа
4	четыре	
5	пять	
6	шесть	часов
...		
20	двадцать	
21	двадцать один	час
22	двадцать два	
23	двадцать три	часа
24	двадцать четыре	

Когда?

в		час
	два	
в	три	часа
	четыре	
	пять	
в	шесть	часов
	...	
	двадцать	
в	двадцать один	час
	двадцать два	
в	двадцать три	часа
	двадцать четыре	

Урок 16 (шестнадцать)

Задание 3. Задайте вопросы к тексту и ответьте на них.

Задание 4. Расскажите, что и когда вы делали вчера.

Прочитайте шутки.

1. — Вы хотите на мне жениться? — спрашивает она.
   — Да, — отвечает он.
   — Но ведь вы знаете меня только три дня!
   — О нет, я знаю вас уже два года. Я работаю в банке, где держит деньги ваш отец.

2. Студент прислал домой письмо. Мать прочитала его и сказала отцу:
   — Я хочу прочитать тебе письмо нашего сына.
   — Не надо. Скажи только, сколько денег он попросил.

Отдохните.

1. Преподаватель говорит многозначную ответную реплику. (Да, это интересно./Нет, это не интересно.) Дать максимум исходных реплик.

2. Представьте себе, что мы все пенсионеры. У нас много свободного времени. Посоветуйте друг другу, как лучше его провести.

17

Семнадцатый урок (повторительный)

Вчера мы видели нашего нового студента.
Я жду мою старшую сестру.
Я знаю этих молодых журналистов и журналисток.
Я люблю апельсиновый сок, а мой брат любит минеральную воду.
Мы слушали русские песни.

Я вижу кого? что?

	кого?	что?
я	меня	—
ты	тебя	—
он	его	
оно	его	
она	её	
мы	нас	—
вы	вас	—
они	их	

	кого?	что?
она	-у, -ю	
оно		-о, -е
он	-а, -я	#
они	-ов, -ев, -ей	-ы, -и,
	-# (-ок, -ек)	-а, -я

92 девяносто два

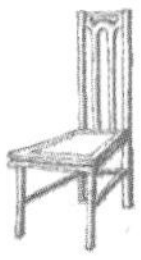

Урок 17 (семнадцать)

 какая?	какую? -ую, -юю	
 какое?	какое? -ое, -ее	
 какой?	какого? -ого, -его	какой? -ой, -ый, -ий
какие? 	каких? -ых, -их	какие? -ые, -ие

Где он живёт?

Где?	-ом/-ем -е/-и	Он живёт в нов**ом** хорош**ем** дом**е**, а работает в эт**ом** красив**ом** здани**и**.
	-ой/-ей -е/-и	Учимся в нов**ой** хорош**ей** школ**е**, пишем в тетрад**и**. Мы живём в Америк**е**, а учимся в Росси**и**.
	-ых/-их -ах/-ях	Мы уже были в разн**ых** русск**их** город**ах** и деревн**ях**.

где?	в лесу́	в шкафу́
	на/в углу́	на берегу́
	в саду́	в порту́
	на мосту́	на полу́
	в аэропорту́	до́ма
когда?	в году́	

девяносто три

У кого нет *кого? чего?*

У нов**ого** студент**а** есть учебник и тетрадь.
У нов**ой** студентк**и** нет словар**я** и ручк**и**.
Это книга Антон**а**, а это книга Ирен**ы**.

Мне нравятся улицы Петербург**а**.
У нас много нов**ых** друз**ей**.
Этот альбом стоит сорок рубл**ей**.
В университете учатся студенты из разн**ых** город**ов** и стран.

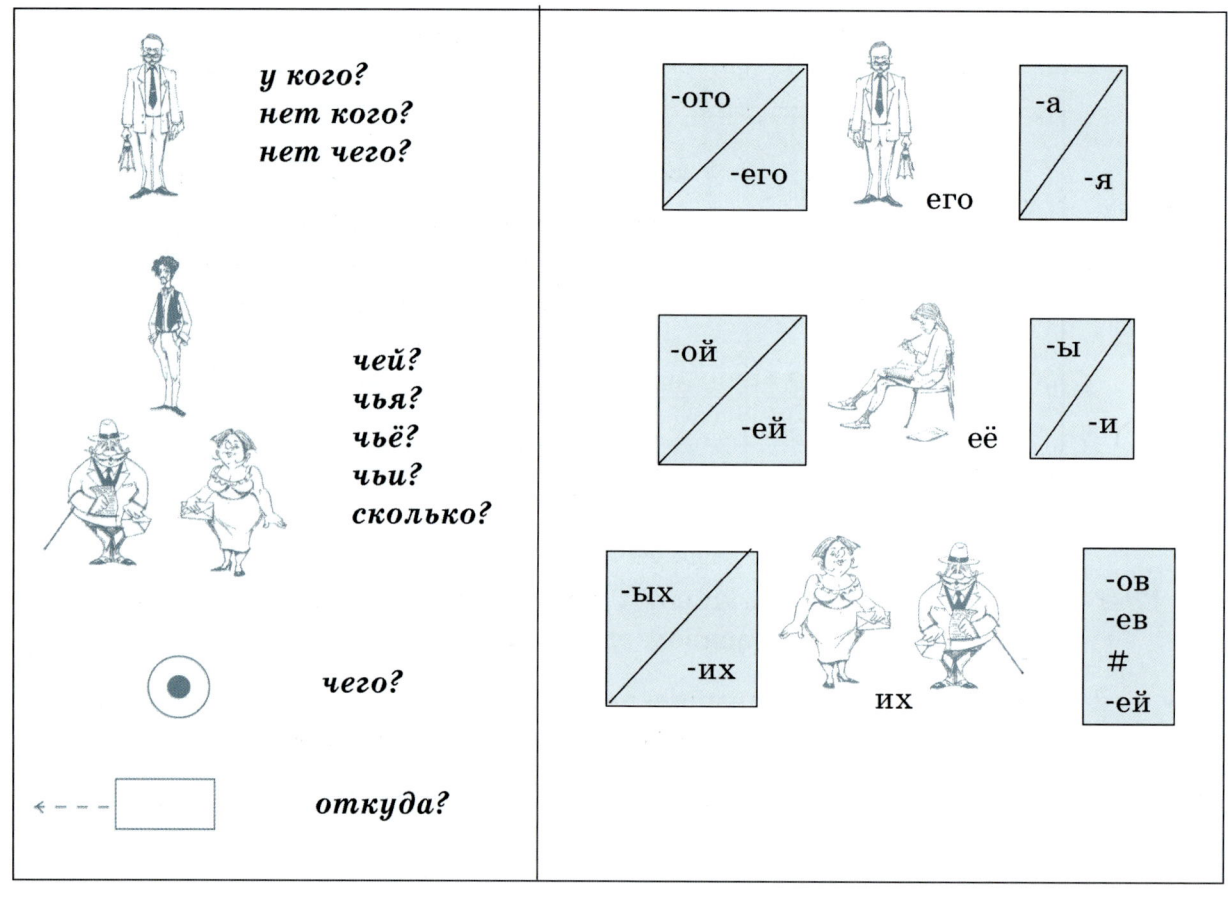

러시아어 회화 1 | Урок 17 (семнадцать)

	что делать?	*что сделать?*
	читать покупать	прочитать купить
сейчас	я читаю я покупаю	—
вчера	он читал (-а, -и) он покупал (-а, -и)	он прочитал (-а, -и) он купил (-а, -и)
пожалуйста,	читай(те)! покупай(те)!	прочитай(те)! купи(те)!

встречаться

я встреча́юсь
ты встреча́ешься
он встреча́ется

мы встреча́емся
вы встреча́етесь
они встреча́ются

он встреча́лся
она встреча́лась
они встреча́лись

встретиться

он встре́тился
она встре́тилась
они встре́тились

девяносто пять **95**

18

Восемнадцатый урок

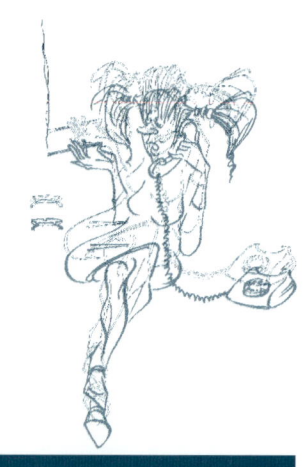

— Ирена, сегодня вечером я приглашаю тебя в гости!
— Спасибо, а что у тебя будет?
— У меня сегодня день рождения.

— Сирпа, я хочу пригласить тебя в кафе.
— Спасибо, с удовольствием.

— Я хочу пригласить вас на выставку в Русский музей.
— К сожалению, мы не можем. Сегодня мы очень заняты.

Кому вы дали книгу?

— Том, я хочу купить подарок **Сирпе**. Как ты думаешь, что **ей** подарить?
— Она очень любит теннис. Купи **ей** ракетку.

— Рамон, я хочу пригласить Ирену в театр, но не знаю, в какой.
— Я советую **тебе** купить билеты в Мариинский театр на балет.

Урок 18 (восемнадцать)

— Какое трудное упражнение!
— **Тебе** помочь?
— Да, помоги **мне**, пожалуйста.

Запомните!		*кому?*
Сирпа	написала письмо	брат**у**
Том	позвонил	Андре**ю**
Хуссейн	подарил цветы	сестр**е**
Клаус	показал фотографии	Мари**и**
Иван Петрович	дал книги	студент**ам**
Мы	купили сувениры	друзь**ям**

кто?	я	ты	он	она	мы	вы	они
кому?	мне	тебе	ему	ей	нам	вам	им

Задание 1. Составьте из двух предложений одно по модели.

Модель: Это Ирена. Том подарил ей цветы. — Том подарил цветы Ирене.

1. Это Клаус. Мы купили ему альбом. 2. Это Сирпа. Мы помогаем ей переводить текст. 3. Это Том и Рамон. Мы показали им программу экскурсий. 4. Это Иван Петрович. Мы подарили ему портфель. 5. Это Хуссейн. Мы советуем ему купить эту книгу. 6. Это Ирена и Сирпа. Я дал им билеты в музей.

Задание 2. Скажите, какие сувениры и кому купил Том?

девяносто семь 97

Прочитайте слова, найдите их в словаре.

шáхматы	сидéть	совсéм = абсолю́тно
жéнщина	молодóй	тóлько
мужчи́на	такóй	чтó-нибудь
букéт	óбщий	(не)ну́жно
		кстáти

Прочитайте текст.

С днём рождéния, Хуссéйн!

Рамóн: Друзья́, а вы не забы́ли, что у Хуссéйна зáвтра день рождéния?

Ирéна: Ой, у меня́ это совсéм вы́летело из головы́!

Клáус: А я ужé купи́л ему́ подáрок.

Сирпа: Но мы же хотéли сдéлать óбщий подáрок! А что ты ему́ купи́л?

Клáус: Фотоальбóм. Но мóжно купи́ть ещё чтó-нибудь.

Том: Хорошó. Давáйте решáть. Мóжет быть, купи́ть ему́ краси́вые дороги́е шáхматы?

Сирпа: Нет, э́то не для негó, он не мóжет дóлго сидéть на однóм мéсте.

Ирéна: Так, фотоальбóм ужé есть. Я совéтую купи́ть ему́ большóй букéт цветóв.

Сирпа: Кто же дáрит мужчи́нам цветы́?

Рамóн: Кстáти, а скóлько ему́ лет?

Клáус: Зáвтра ему́ бýдет 28 лет.

Рамóн: Тóлько 28! А мне ужé 31 год. А тебé, Ирéна?

Ирéна: Рамóн, жéнщинам нельзя́ задавáть э́тот вопрóс! Так что же подари́ть Хуссéйну?

Ивáн Петрóвич: А он лю́бит класси́ческую мýзыку? Мóжет быть, подари́ть ему́ кассéты?

Сирпа: Мне кáжется, я знáю, что ему́ нýжно. Он не бýдет игрáть в шáхматы, ему́ не óчень нрáвится класси́ческая мýзыка, но он с удовóльствием фотографи́рует. Я дýмаю, он бýдет рад, éсли подари́ть ему́ нóвый фотоаппарáт.

Запóмните!			
	мне		
	тебé		
Скóлько вам лет? →	ему́	1, 21, 31 ...	год
	ей	2, 3, 4, 22, 33, 44, ...	гóда
	нам	5, 6, 7, 25, 36, 47, 58 ...	лет
	вам		
	им		

мне	нýжно	позвони́ть в Москвý
тебé	нáдо	сдéлать упражнéние
ему́	нрáвится	Петербýрг
		гуля́ть в пáрке

Урок 18 (восемнадцать)

Задание 3. Поставьте вопросы к тексту, ответьте на них.

Задание 4. Ответьте на вопросы, задайте подобные вопросы своим друзьям в группе.

1. Сколько вам лет? 2. Сколько лет вашему папе и вашей маме? 3. Что вы обычно дарите родителям? 4. Что вы обычно дарите друзьям? 5. А что дарят вам? 6. Когда ваш (у вас) день рождения?

	Что?	*Когда?*	
зима́	дека́брь янва́рь февра́ль	в декабре́ в январе́ в феврале́	зимо́й
весна́	ма́рт апре́ль май	в ма́рте в апре́ле в ма́е	весно́й
ле́то	ию́нь ию́ль а́вгуст	в ию́не в ию́ле в а́вгусте	ле́том
о́сень	сентя́брь октя́брь ноя́брь	в сентябре́ в октябре́ в ноябре́	о́сенью

Задание 5. Давайте поговорим.

Представьте себе, что у одного из нас день рождения. Давайте обсудим, что ему подарить.

Обратите внимание!

Том послал письмо школь**ному** дру**гу**.
Рамон подарил цветы перв**ой** учительни**це**.
Мы пишем письма наш**им** стар**ым** друзь**ям**.

Прочитайте шутки.

1. — Не зна́ю, како́й пода́рок купи́ть жене́ на день рожде́ния.
   — Спроси́ у неё.
   — Что ты! У меня́ нет сто́лько де́нег.

2. Больно́го спроси́ли:
— Почему́ вы убежа́ли из операцио́нной?
— Потому́ что медсестра́ сказа́ла: «Без па́ники, пожа́луйста! Опера́ция аппендици́та — э́то о́чень про́сто!»
— Ну и что? Э́то пра́вда.
— Да, но она́ сказа́ла э́то не мне, а тому́ молодо́му хиру́ргу.

3. Пожилы́е мужчи́ны разгова́ривают:
— Мне почти́ шестьдеся́т (60) лет, у меня́ мно́го де́нег и я люблю́ о́чень краси́вую де́вушку. Как ты ду́маешь, бу́дет лу́чше, е́сли я скажу́ ей, что мне то́лько пятьдеся́т (50)?
— Я ду́маю, бу́дет лу́чше, е́сли ты ска́жешь, что тебе́ во́семьдесят (80).

4. Оди́н челове́к спра́шивает же́нщину:
— У вас есть де́ти?
— Да, есть. Оди́н сын.
— Он ку́рит?
— Нет, он не ку́рит.
— Э́то хорошо́. Он по́здно прихо́дит домо́й?
— Нет.
— О, ваш сын прекра́сный молодо́й челове́к. Ско́лько ему́ лет?
— Ему́ 4 ме́сяца.

Отдохни́те.

1. Скажите, что ваш товарищ часто (всегда) делает то, о чём говорит.
   Моде́ль:
   — Я потерял ручку.
   — Ты часто теряешь ручки.

2. Давайте обсудим, какой подарок лучше сделать: молодому человеку, маленькой девочке, пожилой женщине, мужчине средних лет. Кто больше назовёт вариантов?

3. Ваш сын очень хочет получить в подарок собаку. Каждый день он просит вас об этом. Постарайтесь убедить его в том, что сейчас это невозможно. Разыграйте эту сценку.

19
Девятнадцатый урок

— Рамо́н, дава́й пое́дем в воскресе́нье за́ город?
— Дава́й (пое́дем). (Бы́ло бы непло́хо.)

— А́нна, хо́чешь пойти́ в кино́?
— Коне́чно! (С удово́льствием!) (О́чень хочу́!)

О чём они говоря́т?

— О чём они́ говоря́т?
— **О но́вом мексика́нском фи́льме.**

— О ком он ду́мает?
— Он ду́мает о **молодо́й краси́вой** де́вушке.

— О чём они́ расска́зывают?
— **Они́ расска́зывают о ра́зных стра́нах.**

Запомните!			
кто?		**о ком?**	**о чём?**
Рамон Ирена они	рассказывает вспоминает спорят	о стар**ом** друг**е** о младш**ей** сестр**е** о русск**их** писател**ях** и художник**ах**	о родн**ом** город**е** об интересн**ой** экскурси**и** об экономическ**их** проблем**ах**

я — обо мне   мы — о нас
ты — о тебе   вы — о вас
он, оно — о нём   они — о них
она — о ней

мой, моё — о моём   твой, твоё — о твоём   его — о его
моя — о моей   твоя — о твоей   её — о её

наш, наше — о нашем   ваш, ваше — о вашем
наша — о нашей   ваша — о вашей

мои — о моих   наши — о наших   их — об их
твои — о твоих   ваши — о ваших

Задание 1. Составьте предложения по модели.

а) Модель: — Анна часто вспоминает о друзьях. А вы?
— А я часто вспоминаю о семье.

(родители, братья, сёстры, учителя, родной город, школьная подруга)

б) Модель: — Я знаю, что Александр любит говорить о кино.
— А я люблю говорить о музыке.

(погода, книги, живопись, театр, искусство, политика, спорт)

в) Модель: — Лена мечтает о новой квартире.
— А я мечтаю о новой машине.

(хорошая работа, отпуск, собака, новый велосипед, интересные встречи)

Задание 2. Ответьте на вопросы.

1. О чём пишет ваш друг? (старый Петербург) 2. О чём спрашивает Анна? (последние новости) 3. О чём часто думает Том? (работа) 4. О чём эта книга? (русская литература) 5. О чём вы думаете? (новые друзья) 6. О ком вы вчера так долго говорили? (Иван Петрович) 7. Ты расскажешь мне (Париж)? 8. О чём вчера была лекция? (проблемы экологии) 9. О чём спорят друзья? (политика)

Урок 19 (девятнадцать)

Задание 3. Вместо точек вставьте местоимение в нужной форме.

1. Моя сестра живёт в Нью-Йорке. Я часто думаю … . 2. Ваш друг учится в Москве. Вы вспоминаете … ? 3. Почему ты вчера не был на уроке? Преподаватель спрашивал … . 4. Это твой друг? Расскажи, пожалуйста, … . 5. Мои родители давно не пишут. Я часто думаю … . 6. Вчера мы смотрели интересный фильм. Вечером мы говорили … .

Куда вы идёте?

— Куда сейчас **идут** дети?
— Дети **идут** в школу.

Каждый день он **ходит** в университет.

— Куда он сейчас **едет**?
— Он **едет** на работу.

Каждый день он **ездит** в университет.

Запомните!

идти	ходить	ехать	ездить
я иду́	я хожу́	я е́ду	я е́зжу
ты идёшь	ты хо́дишь	ты е́дешь	ты е́здишь
он/она идёт	он/она хо́дит	он/она е́дет	он/она е́здит
мы идём	мы хо́дим	мы е́дем	мы е́здим
вы идёте	вы хо́дите	вы е́дете	вы е́здите
они иду́т	они хо́дят	они е́дут	они е́здят
он шёл	ходи́л (-а, -и)	е́хал (-а, -и)	е́здил (-а, -и)
она шла			
они шли			

сто три

Задание 4. Скажите, куда они идут или едут.

Модель: — Хуссейн хочет купить словарь. (книжный магазин) — Он идёт в книжный магазин.

1. Клаус хочет есть. (ресторан) 2. Рамон хочет посмотреть выставку. (музей) 3. Студенты хотят потанцевать. (дискотека) 4. Сирпа хочет купить конверты. (почта). 5. Мы хотим послушать классическую музыку. (филармония) 6. Том хочет посмотреть футбол. (стадион) 7. Я хочу обменять деньги. (банк) 8. У Ирены болит голова. (аптека)

Запомните!

На чём вы едете на работу?

ехать	на	автобусе
		велосипеде
		машине
		троллейбусе
		трамвае
		метро
		такси
		поезде
		электричке

Задание 5. Прочитайте вопросы и ответьте на них; где возможно, используйте обе формы.

1. На чём вы (ехать) на работу? 2. Куда вы обычно (ездить) в отпуск? 3. Куда вы (идти) сейчас? 4. Вы часто (ходить) в парк? 5. Куда Андрей (идти) сегодня утром? 6. Андрей, ты тоже любишь (ходить) в филармонию? 7. Куда вы сейчас хотите (идти)? 8. Вы часто (ходить) на рынок? 9. Вы сейчас (идти) в магазин? 10. Вы (ехать) в школу на машине или (идти) пешком?

Задание 6. Вставьте глаголы **идти/ходить** или **ехать/ездить** в нужной форме.

1. Каждую субботу мы (идти/ходить) на стадион. 2. Я (ехать/ездить) на работу на трамвае. 3. Мой сын (идти/ходить) в школу пешком. 4. Куда ты сейчас (идти/ходить)? 5. Каждое воскресенье мы (ехать/ездить) на дачу. 6. Когда ты (ехать/ездить) в Прагу?

Прочитайте слова, найдите их в словаре.

сюже́т	самолёт	стоя́ть	просыпа́ться
остано́вка	мост	остана́вливать	рисова́ть
чемода́н	дворе́ц	поднима́ть	осо́бенно
	почти́	сле́ва	наве́рное
	напро́тив	спра́ва	че́рез

Урок 19 (девятнадцать)

Прочитайте текст.

Утро в городе

Рамону очень нравится Петербург. Особенно он любит утренний город. Почти каждый день он гуляет по городу и выбирает сюжет новой картины. В Петербурге очень много красивых мест, и, конечно, это непросто.

Сегодня он решил порисовать на Марсовом поле. Он выбрал очень хорошее место: напротив Нева и Троицкий мост, справа Летний сад, слева Мраморный дворец.

Город просыпается. На улицах ещё мало людей. Вот идут две девочки-школьницы и едят мороженое. На остановке трамвая стоит старушка, наверное, она едет на рынок. Автобусы, троллейбусы, трамваи ходят ещё редко. А вот молодой человек. У него большой чемодан. Он поднимает руку и останавливает такси. Интересно, куда он едет? В аэропорт? На вокзал?

А вот ещё два молодых человека. Да это же Клаус! А кто второй?

Рамон: Клаус, привет! Что ты здесь делаешь так рано?

Клаус: Привет, Рамон! Познакомься, это мой брат Георг. Сегодня он последний день в Петербурге. В 11 часов самолёт, а мы ещё не всё посмотрели.

Рамон: Ну как, Георг, тебе понравился Петербург? Где ты был?

Георг: Я в восторге! Два раза я ходил в Эрмитаж, был в Русском музее, видел Исаакиевский собор и Петропавловскую крепость.

Рамон: А на Мойке, 12 ты был?

Георг: Конечно, мы не только ходили в музей-квартиру Пушкина, но и в город Пушкин ездили. Ходили там в лицей, видели комнату, где жил Пушкин.

Рамон: А в Петродворце были?

Георг: К сожалению, нет. Я был в Петербурге только 3 дня. Но теперь я точно знаю, что должен увидеть этот город ещё раз.

Клаус: Извини, Рамон, нам надо идти. Через 30 минут наш автобус идёт в аэропорт.

Рамон: До свидания! Счастливого пути!

Задание 7. Ответьте на вопросы.

1. Что видел Рамон в городе утром? 2. Как вы думаете, почему ему нравится утренний Петербург? 3. А в какое время вам больше нравится Петербург и почему? 4. Какое место выбрал Рамон в это утро? А вы были там? 5. Какие места

в Петербурге нравятся вам? 6. Кого встретил Рамон на Марсовом поле? 7. О чём они говорили? 8. А у вас были интересные встречи в Петербурге? 9. А какие места вам нравятся в вашем родном городе?

Прочитайте шутки.

1. В поезде
   Однажды в Иркутске две старушки сели в поезд. В вагоне они сидели и разговаривали.
   — Куда вы едете? — спросила одна.
   — Я еду в Москву, к сыну.
   — А я во Владивосток, к дочери.
   — Смотрите, какая теперь замечательная техника, — сказала первая старушка. — Мы сидим в одном вагоне, а едем в разные стороны!

2. *Учительница:* Петя, твоё сочинение о кошке как две капли воды похоже на сочинение твоего брата.
   Петя: Это понятно. Ведь мы писали об одной кошке.

Отдохните.

1. Вы собираетесь отдыхать в Альпах. На чём туда лучше ехать?

2. О чём поговорить с незнакомым человеком? Кто может предложить больше вариантов?
   — о погоде;
   — о спорте и т.п.

3. Вы знаете, что люди нередко говорят ни о чём. Попробуйте вести такой разговор как можно дольше.

4. Каждый день вы ходите в университет. Проверьте свою наблюдательность. Что можно увидеть по дороге от метро?

20
Двадцатый урок

— Скажи́те, пожа́луйста, вы выхо́дите на сле́дующей остано́вке?
— Нет, не выхожу́.
— Разреши́те пройти́.
— Пожа́луйста.

Вечером Клаус **был** в театре, он **ходил** в театр с братом.
Студенты **были** в Новгороде, они **ездили** в Новгород в воскресенье.

Запомните!		
	куда?	*где?*
ходил (-а, -и) в театр ездил (-а, -и) в Москву	= был (-а, -и)	в театре в Москве

Задание 1. Закончите фразы по модели.

а) Модель: Вчера я ходила в музей. А я был ... (цирк). — Вчера я ходила в музей. А я был в цирке.

1. Летом мы ездили в Крым. А мы были ... (Карелия). 2. В субботу Виктор ходил в баню. А его жена была ... (бассейн). 3. Ирина ходила на концерт, а Володя был ... (библиотека). 4. Мой друг ездил зимой в Иркутск. А я был ... (Прибалтика). 5. В воскресенье мы ходили в спортивный клуб, а наши друзья ... (лес).

б) Модель: В июне мой брат был в Италии, а я ездила ... (Испания). — В июне мой брат был в Италии, а я ездила в Испанию.

1. Зимой Нина была в Финляндии, а Сергей ездил ... (Швейцария). 2. В сентябре мы были в Греции, а наши друзья ездили ... (Болгария). 3. Утром Иван

Петрович был в университете, а его жена ходила … (рынок). 4. В среду моя сестра была на выставке, а я ходил … (пивной бар). 5. Весь вечер я был дома, а мои родители ходили … (филармония).

Обратите внимание!

Я люблю ходить пешком, а мой друг любит ездить на велосипеде.

Завтра мы пойдём в гости. Летом студенты поедут на Байкал.

Запомните!			
пойти		**поехать**	
я пойду́	мы пойдём	я пое́ду	мы пое́дем
ты пойдёшь	вы пойдёте	ты пое́дешь	вы пое́дете
он/она пойдёт	они пойду́т	он/она пое́дет	они пое́дут

Задание 2.

а) Туристическая фирма «Нева» предлагает поездки в Крым, на Байкал, в Карелию, на Украину, на Кавказ, по Волге. Скажите, куда вы поедете летом?

б) Преподаватель предлагает билеты на оперу, на балет, на концерт, в цирк, на футбол. Скажите, куда вы пойдёте? А куда вы не пойдёте и почему?

Прочитайте слова, найдите их в словаре.

гора́	приро́да	гости́ница	во-вторы́х
пое́здка	совреме́нность	во-пе́рвых	чуде́сный

Прочитайте текст.

Пое́здка в Крым

Ско́ро мы пое́дем на экску́рсию в Москву́. Мы мно́го говори́ли об э́том на уро́ке, и вчера́ Ива́н Петро́вич попроси́л нас сде́лать необы́чное дома́шнее зада́ние — написа́ть о на́шем са́мом интере́сном путеше́ствии.

Вот что написа́ла Ире́на.

В э́том году́ я и мои́ друзья́ е́здили в Крым, в Я́лту. Э́та пое́здка мне о́чень понра́вилась. В Симферо́поль, столи́цу Кры́ма, мы е́хали на по́езде. По́езд шёл

36 часов. Конечно, это долго, и вы можете спросить, что делать в поезде 36 часов.

Ну, во-первых, у нас было очень уютное купе, где мы не только спали, но и пили чай, ели, разговаривали, пели песни. Во-вторых, дорога была очень интересная. Из окна вагона мы видели Россию и Украину, их природу, деревни и города.

В Симферополе мы были утром. В Ялту ходят автобусы, троллейбусы, можно ехать и на такси. Мы выбрали автобус-экспресс. Через 2 часа мы уже были в гостинице «Ореанда».

Ялта — чудесный южный городок на берегу Чёрного моря. Мы ездили в Ботанический сад, были в музее А.П. Чехова, на заводе «Массандровские вина». Один раз мы ходили в горы. Это было интересно, но трудно. Мы шли пешком 5 часов!

Эта поездка помогла мне лучше узнать Россию и Украину, их историю и современность.

Я думаю, что я поеду в Крым ещё раз.

Задание 3. Найдите в тексте ответы на следующие вопросы.

1. Какое домашнее задание попросил сделать Иван Петрович? 2. Куда ездила Ирена? 3. На чём она ехала? 4. Сколько времени шёл поезд? 5. Что Ирена и её друзья делали всё это время? 6. На чём можно ехать из Симферополя в Ялту? 7. В какой гостинице жила Ирена? 8. Что можно узнать из текста о Ялте? 9. Куда ходили Ирена и её друзья в Ялте? 10. Почему Ирена хочет поехать в Крым ещё раз?

Задание 4.

а) Расскажите, какие поездки были у вас? Когда? На чём вы ездили? Что интересного вы видели?

б) Куда вы хотите поехать в России? Почему?

в) Куда вы советуете поехать в вашей стране? Что там можно посмотреть?

Задание 5. Аргументируйте свою точку зрения.

1. Как вы думаете, почему люди так любят путешествовать?
2. Как, по-вашему, путешествие — это отдых?
3. Как вы предпочитаете отдыхать?

Задание 6. Напишите о вашей самой интересной поездке.

Прочитайте шутки.

1. *Учитель:* Почему́ ты опозда́л?
   Учени́к: Я по́здно вы́шел из до́ма.
   Учитель: Почему́ ты не вы́шел ра́ньше?
   Учени́к: Бы́ло уже́ по́здно выходи́ть ра́ньше.

2. Оди́н испа́нский аристокра́т пришёл в гости́ницу о́чень по́здно. Портье́ спроси́л его́:
— Кто там?
— Хуа́н Родри́гес Кара́мба де Пепе́то Гонза́лес.
— Хорошо́, хорошо́, — сказа́л портье́, — входи́те. То́лько пусть после́дний закро́ет дверь.

3. — Вы така́я у́мная и краси́вая. Почему́ вы не хоти́те вы́йти за меня́ за́муж?
— Вы же са́ми то́лько что назва́ли причи́ны.

4. Два дру́га прие́хали из го́рода в дере́вню и пошли́ гуля́ть в сад. Они́ уви́дели, что на всех дере́вьях есть я́блоки и то́лько одно́ де́рево бы́ло без я́блок. Они́ спроси́ли ма́ленького ма́льчика, кото́рый шёл навстре́чу:
— Ты не зна́ешь, почему́ на э́том де́реве нет я́блок?
— Коне́чно, зна́ю. Э́то дуб, — отве́тил ма́льчик.

Отдохни́те.

1. Преподава́тель называ́ет ви́ды о́тдыха, уча́щиеся — страну́, или регио́н, где мо́жно отдохну́ть таки́м о́бразом лу́чше всего́. Да́йте ма́ксимум вариа́нтов.

   Моде́ль: Купа́ться и загора́ть — Испа́ния, Гре́ция, Кана́рские острова́. (лы́жный спорт, го́рный тури́зм, се́рфинг, сафа́ри)

2. Почему́ лю́ди е́здят? Назови́те как мо́жно бо́льше причи́н.

3. Каки́е ве́щи нужны́ в доро́ге? Вы собира́етесь в командиро́вку на 3 дня. У вас о́чень ма́ло вре́мени. Что вы возьмёте?

21
Двадцать первый урок

— Скажи́те, пожа́луйста, как дойти́ до Эрмита́жа?
— Иди́те пря́мо до конца́ у́лицы, а пото́м напра́во.
— Прости́те, как дое́хать до Дворцо́вой пло́щади?
— На тролле́йбусе № 10 и́ли на метро́ до ста́нции «Не́вский проспе́кт».

Прочита́йте слова́, найди́те их в словаре́.

| сра́зу | пойти́ | прийти́ ≠ уйти́ |
| по́здно | пое́хать | прие́хать ≠ уе́хать |

Прочита́йте текст.

Экску́рсия в Москву́

Неда́вно мы е́здили на экску́рсию в Москву́. В пя́тницу в 23.55 мы уе́хали из Петербу́рга на по́езде «Кра́сная стрела́».

Мы е́хали всю ночь. По́езд пришёл в Москву́ в 8.30, и мы сра́зу пое́хали в гости́ницу «Росси́я». Мы хорошо́ поза́втракали и пошли́ на Кра́сную пло́щадь. Это гла́вная пло́щадь Москвы́, и она́ нам о́чень понра́вилась. Пото́м мы пошли́ в Кремль.

По́сле Кремля́ мы пое́хали на авто́бусе в рестора́н. Когда́ мы прие́хали туда́, нас уже́ ждал традицио́нный ру́сский обе́д. Это бы́ло так вку́сно, что мы не хоте́ли никуда́ идти́. Но нас ждал экскурсово́д, и мы пошли́ в авто́бус.

Через 20 мину́т мы прие́хали в Третьяко́вскую галере́ю. Мы бы́ли там 2 часа́ и о́чень уста́ли. В програ́мме экску́рсии была́ ещё и дискоте́ка, но туда́ мы не пошли́.

В воскресе́нье ра́но у́тром мы пое́хали в Заго́рск и бы́ли там це́лый день. По́здно ве́чером мы уе́хали в Петербу́рг.

Экску́рсия была́ коро́ткая, но о́чень интере́сная. Мы ча́сто вспомина́ем о ней. Через 2 неде́ли мы реши́ли пое́хать в Но́вгород.

Задание 1. а) Найдите в тексте фразы, соответствующие рисункам.

б) Перескажите текст.

Урок 21 (двадцать один)

Запомните!

пошёл, пошла́, пошли́ пое́хал (-а, -и)	*куда?*	в теа́тр на дискоте́ку в Ирку́тск домо́й		
пришёл, пришла́, пришли́ прие́хал (-а, -и)	*куда?*	в рестора́н на рабо́ту домо́й	ушёл, ушла́, ушли́ уе́хал (-а, -и) ≠	*отку́да?* из рестора́на с рабо́ты из до́ма

в ⇄ из
на ⇄ с

Задание 2. Закончите предложения.

Модель: Мы пообедали и <u>пошли домой.</u>

1. Рамон купил билет и _____
2. Сирпа написала письмо и _____
3. Том и Анна сделали домашнее задание и _____
4. Клаус встретил брата и _____
5. Хуссейн был в библиотеке, а потом _____
6. Иван Петрович кончил работать и _____

Задание 3. Заполните таблицу.

а)

кто?	пришёл приехал	куда?	когда?
Клаус	пришёл	в университет	в 9 часов
1. Анна	_____	домой	_____
2. Том	приехал	_____	_____
3. Рамон и Хуссейн	_____	_____	в октябре
4. Мы	_____	в Москву	_____
5. Иван Петрович	пришёл	_____	_____
6. Сирпа	_____	_____	в среду

б)

кто?	ушёл уехал	откуда?	когда?
Он	ушёл	из библиотеки	вечером
1. Мы	уехали	_____	_____
2. Они	_____	_____	вчера
3. Я	_____	с работы	_____
4. Она	ушла	_____	_____
5. Ты	_____	_____	в 8 часов
6. Он	_____	из Новгорода	_____

Задание 4. Расскажите, что вы делали и где вы были вчера, используя глаголы движения с префиксами *по-*, *при-*, *у-*.

Прочитайте шутки.

1. Учитель попросил учеников написать сочинение о футболе. Один мальчик написал очень быстро. Учитель взял его тетрадь и прочитал: «Шёл дождь, и футбола не было».

2. Один человек приехал в гости к другу. Друг жил в большом городе. Сначала друг был очень рад. Но время шло, а гость не хотел уезжать. Наконец, друг спросил его:
— Ты не думаешь, что жена и дети скучают без тебя?
— Ты прав, — ответил тот. — Я завтра напишу, чтобы они тоже приехали сюда.

Отдохните.

1. Разыграйте диалог, каждый раз спрашивая: «А что мы там будем делать?».

Преподаватель: Мы пойдём в кино.
1-й учащийся: А что мы там будем делать?
2-й учащийся: Будем смотреть фильм.
3-й учащийся: Мы поедем на стадион.
и т.п.

2. Вы впервые приехали в Петербург. Задайте вашему русскому другу максимум вопросов о городе.

3. Ваш друг приехал на 2 дня в Петербург. Составьте для него культурную программу.

22
Двадцать второй урок (повторительный)

Помогать *кому? чему?*

Мы дали словарь нашему русскому другу. Клаус помогает нашей новой студентке. Мы звонили нашим новым друзьям.

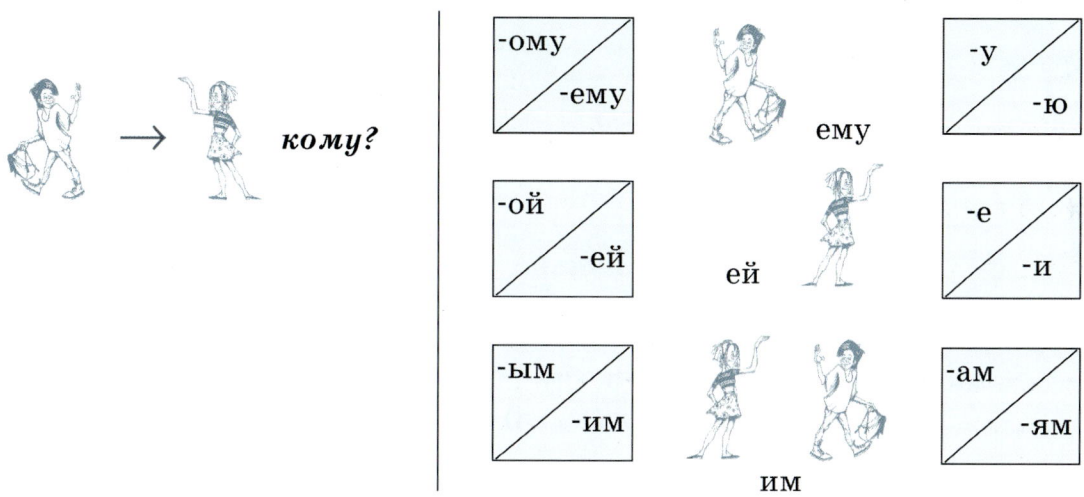

Мы говорили *о ком? о чём?*

Он работает на большом заводе. Я написал родителям о Петербурге, о нашей группе, о моих новых друзьях. В этом году в августе я отдыхал на море. Я ездил туда на машине.

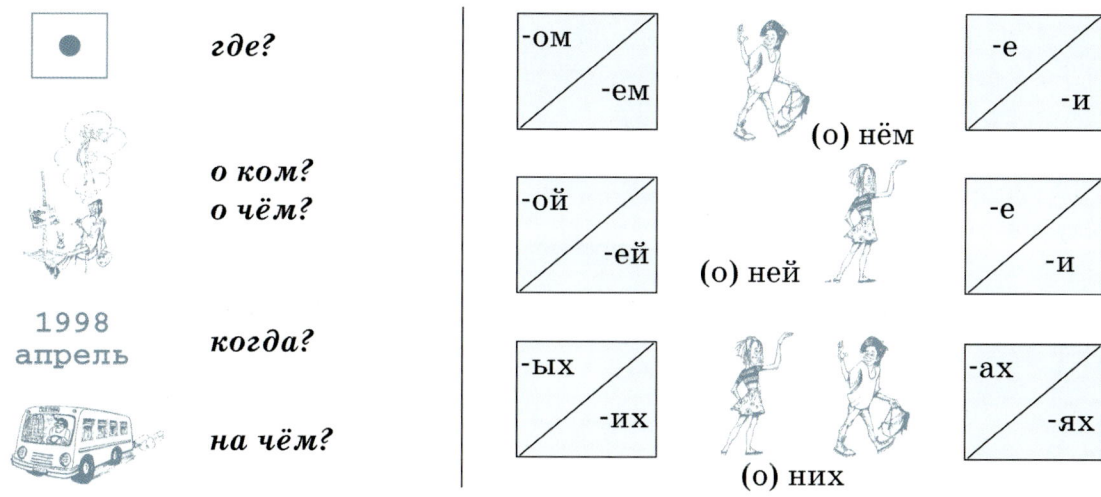

сто пятнадцать

Куда ты идёшь?
Откуда ты едешь?

идти ходить ехать ездить приходить/прийти приезжать/приехать уходить/уйти уезжать/уехать	*куда?* *откуда?*	→ ☐ в театр, в Москву, на концерт из театра, из Москвы, с концерта ← ☐

куда?		*откуда?*
в	—	из
на	—	с

	что делать?	*что сделать?*
сейчас	читаю, покупаю	—
вчера	читал (-а, -и) покупал (-а, -и)	прочитал (-а, -и) купил (-а, -и)
завтра	буду читать буду покупать	прочитаю куплю
пожалуйста	читай(те)! покупай(те)!	прочитай(те)! купи(те)!

23

Двадцать третий урок

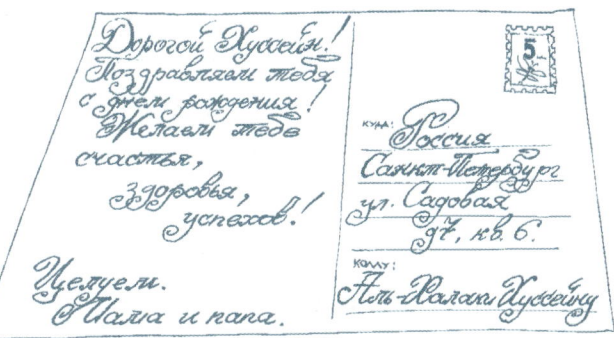

— Сирпа, поздравляю тебя с Рождеством и с Новым годом!
— Спасибо за поздравление. Приходи вечером в гости!

С кем вы были в театре?

— Том, **с кем** ты вчера ездил в Петергоф?
— **С Клаусом и с Иреной.**

Я люблю пирожки **с мясом** и **с капустой**, чай **с сахаром** и **с пряниками**.

быть		с другом Иваном
разговаривать		с преподавателем
встречаться	*с кем?*	с сестрой Таней
знакомиться		с инженерами
советоваться		с друзьями

		с сахаром
чай	*с чем?*	с молоком
кофе		с конфетой
		со сливками

радость — с радостью
грусть — с грустью

Запомните!

я — со мной	мы — с нами
ты — с тобой	вы — с вами
он — с ним	они — с ними
она — с ней	

Задание 1. Закончите предложения, используя слова из скобок.

1. В Петербурге я познакомился ___ (Сирпа и Клаус). 2. Хуссейн советовался ___ (врач). 3. Вечером Клаус встречался ___ (брат). 4. Том был в театре ___ (друзья). 5. Я говорил по телефону ___ (Иван Петрович). 6. В субботу Том гулял в парке ___ (Сирпа и Ирена). 7. Рамон разговаривал ___ (родители).

Задание 2. Скажите, где, когда и с кем вы хотите встретиться.

Модель: Завтра я хочу встретиться на выставке с другом.

в понедельник,	офис,	секретарь
сегодня,	ресторан,	друзья
вечером,	театр,	подруга
в среду,	университет,	преподаватель
завтра,	дом,	родители
в воскресенье,	вокзал,	Клаус, Том, Сирпа

Задание 3. Уточните информацию.

Модель: — Я встретился с Ниной.
— Где ты встретился с ней?
— Я встретился с ней в метро.
— Когда ты с ней встретился?
— Вчера.

Урок 23 (двадцать три)

1. Сирпа познакомилась с Наташей. 2. Клаус гулял с братом и подругой. 3. Иван Петрович долго разговаривал с нами. 4. Я обедал с Рамоном. 5. Мы с Иреной играли с теннис.

Я работаю врачом.

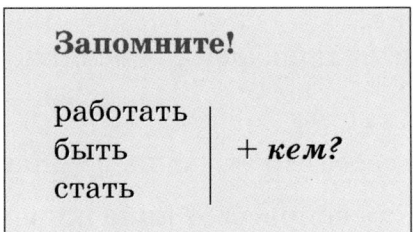

Прочитайте слова, найдите их в словаре.

редакция
жизнь
молодёжь

интересоваться
заниматься } чем?

предлагать
встречаться
соглашаться
удивлять

молодёжный
современный

сначала
сам (-а, -и)

Прочитайте текст.

Встреча с молодыми журналистами

Вчера наша группа была в редакции молодёжной газеты «Смена». Мы интересуемся проблемами молодёжи в России, и когда Иван Петрович предложил нам встретиться с молодыми петербургскими журналистами, мы с радостью согласились.

Журналисты задавали нам много вопросов, и мы тоже спрашивали их о жизни и о работе.

Конечно, сначала мы рассказали, откуда мы приехали и кем работаем. Хуссейн сказал, что он работает врачом, Сирпа — экскурсоводом, Клаус — журналистом. Том ещё студент, он интересуется политикой и историей и хочет стать политологом. Ирена ещё не решила, кем она хочет быть, но она любит изучать иностранные языки и серьёзно занимается музыкой.

Рамон рассказал, что когда он был маленьким, он хотел стать футболистом, но он всегда любил рисовать и стал художником.

На вопрос, почему мы изучаем русский язык, Клаус ответил, что он пишет книгу о современной России и хочет сам говорить с русскими людьми. Сирпа сказала, что она часто работает с русскими туристами в Финляндии. И, конечно, мы все интересуемся русской литературой и культурой.

Одна журналистка спросила, что нас удивило в России. Во-первых, русская кухня: русские всё едят с хлебом, даже макароны! Во-вторых, в транспорте все читают, даже дети сидят с книгами. А Рамон сказал, что в России красивые женщины.

Потом мы рассказывали, чем мы занимаемся в свободное время. Хуссейн любит гостей и с удовольствием готовит. Сирпа много гуляет, часто ездит в лес. Том занимается спортом. А Клаус сказал, что у него нет свободного времени, потому что он много работает.

После встречи журналисты пригласили нас пить чай с пирогами и слушать русские песни.

Задание 4. Представьте себе, что это ваша группа была в редакции.

а) Задайте на основе текста вопросы от лица журналистов и ответьте на них.
б) Какие вопросы вы задали бы журналистам?

Обратите внимание!

Я был на стадионе с **моим новым русским** другом.
Я познакомился с **вашей американской** подругой.
Вчера мы были в кафе с **молодыми** журналист**ами**.

Прочитайте шутки.

1. Женщина рассказывает, какого мужа она хочет:
— Он должен быть вежливым, интересоваться политикой, рассказывать мне смешные и интересные истории, увлекаться спортом, музыкой, путешествиями. И никогда не спорить!
— Тогда вам нужен не муж, а телевизор!

2. — Вовочка, куда ты идёшь?
— На работу.
— А где ты работаешь?
— В детском саду.
— А кем?
— Ребёнком.

3. В маленький магазин пришёл нищий. Хозяин смотрел бухгалтерские книги и попросил его подождать минутку. Нищий ждал очень долго и наконец сказал:
— Я жду уже полчаса. Сколько мне ещё стоять здесь?
— Подожди ещё минутку. Я сейчас проверю баланс и, очень может быть, пойду просить вместе с тобой.

24

Двадцать четвёртый урок

— Посове́туйте, пожа́луйста, куда́ лу́чше пойти́ пообе́дать?
— По-мо́ему, лу́чше всего́ в рестора́н «Асто́рия».

— Мне на́до посове́товаться с тобо́й.
— Пожа́луйста. А в чём де́ло?

Зада́ние 1. Сравни́те два те́кста.

Что я бу́ду де́лать ле́том

Ле́том я ка́ждый день **бу́ду встава́ть** ра́но и мы с друзья́ми **бу́дем е́здить** на мо́ре. Там мы **бу́дем загора́ть, пла́вать, игра́ть** в волейбо́л.

Днём мы **бу́дем обе́дать** в ма́леньком кафе́ на пля́же. Пото́м мы **бу́дем гуля́ть** в лесу́ и́ли **ката́ться** на велосипе́де.

Ве́чером мы **бу́дем возвраща́ться** в го́род. Иногда́ мы **бу́дем ходи́ть** на дискоте́ку, в кино́, в теа́тры. Спать я **бу́ду ложи́ться** по́здно.

Что я сде́лаю за́втра

За́втра воскресе́нье. Я **вста́ну** ра́но, **поза́втракаю** и **пойду́** на вокза́л. Там я **встре́чусь** с друзья́ми, мы **ку́пим** биле́ты и **пое́дем** на мо́ре. Мы **позагора́ем, попла́ваем, поигра́ем** в волейбо́л.

В 2 часа́ мы **пообе́даем**, а пото́м **погуля́ем** в лесу́.

Ве́чером я **верну́сь** домо́й, **сде́лаю** дома́шнее зада́ние и **ля́гу** спать.

Запо́мните!

когда?	кто?	что будет делать?	что сделает?
завтра	я	буду читать	прочитаю текст
в субботу	он	будет покупать овощи и фрукты	купит билеты в театр
летом	мы	будем встречаться часто	встретимся с бабушкой

дать	прочитать	купить
я дам	я прочитаю	я куплю
ты дашь	ты прочитаешь	ты купишь
он/она даст	он/она прочитает	он/она купит
мы дадим	мы прочитаем	мы купим
вы дадите	вы прочитаете	вы купите
они дадут	они прочитают	они купят

встретиться	сказать
я встречусь	я скажу
ты встретишься	ты скажешь
он/она встретится	он/она скажет
мы встретимся	мы скажем
вы встретитесь	вы скажете
они встретятся	они скажут

Задание 2. Ответьте на вопросы утвердительно или отрицательно.

Модель: — Ты поедешь завтра в Павловск?
— Да, поеду. (Нет, не поеду.)

1. Ты позвонишь мне вечером? 2. Вы купите билеты в театр? 3. Ты скажешь Рамону о концерте? 4. Ирена встретится сегодня с Клаусом? 5. Ты пригласишь сестру на день рождения? 6. Вы дадите мне эту книгу? 7. Ты пойдёшь сегодня в бассейн? 8. Вы сделаете мне визу сегодня?

Задание 3. Измените предложение по модели.

Модель: Сначала я буду обедать, а потом буду писать письмо. — Сначала я пообедаю, а потом напишу письмо.

1. Завтра днём я буду гулять, а вечером я буду смотреть телевизор. 2. Утром я буду покупать продукты, а потом готовить обед. 3. Сначала я буду читать текст, а потом учить новые слова. 4. В 7 часов мы будем ужинать, а потом будем звонить домой. 5. В субботу мы будем встречаться с друзьями, а в воскресенье будем показывать им наш город.

Задание 4. Закончите предложения.

1. Когда я напишу письмо ____ 2. Когда мы пообедаем ____ 3. Когда Том вернётся домой ____ 4. Когда ты посмотришь фильм ____ 5. Когда мы купим билеты ____ 6. Когда мой брат приедет в Петербург ____

Что лу́чше?

— **Посмотри́, кака́я у меня́ интере́сная кни́га!**
— А у меня́ ещё **интере́снее**.
— А у меня́ **са́мая интере́сная**.

Урок 24 (двадцать четыре)

> **Запомните!**
>
> интере́сный — интере́снее — са́мый интере́сный
> интере́сная — интере́снее — са́мая интере́сная
> интере́сное — интере́снее — са́мое интере́сное
> интере́сные — интере́снее — са́мые интере́сные

хоро́ший	лу́чше		хоро́ший
плохо́й	ху́же		плохо́й
большо́й	бо́льше		большо́й
ма́ленький	ме́ньше	са́мый +	ма́ленький
коро́ткий	коро́че		коро́ткий
широ́кий	ши́ре		широ́кий
ста́рший	ста́рше		ста́рший
мла́дший	мла́дше		мла́дший

Задание 5. Вставьте вместо точек прилагательные в сравнительной степени.

Моде́ль: — У нас в институте большая библиотека.
— А у нас в университете больше!

1. Фильм был интересный, но мультфильм ... 2. Невский проспект очень длинный, но Московский ... 3. Русский музей большой, а Эрмитаж ... 4. Этот кофе вкусный, но бразильский ... 5. Я хочу выучить это стихотворение, потому что оно маленькое. А я нашёл стихотворение ещё ... 6. У меня есть старший брат и младшая сестра. Брат ... меня на 5 лет, а сестра ... меня на 3 года. 7. Нева — широкая река, но Волга ещё ... 8. Моя сестра говорит, что её друг очень умный, но я думаю, что она ... 9. Моя комната очень хорошая, но комната брата ещё ... 10. Все говорят, что у меня плохой характер, но у моей жены ещё ...

> **Запомните!**
>
> | | | | | |
> |---|---|---|---|---|
> | краси́во | — краси́вее | | пло́хо | — ху́же |
> | интере́сно | — интере́снее | | до́рого | — доро́же |
> | мно́го | — бо́льше | | дёшево | — деше́вле |
> | ма́ло | — ме́ньше | | бы́стро | — быстре́е |
> | хорошо́ | — лу́чше | | ме́дленно | — ме́дленнее |

Задание 6. Вставьте вместо точек наречия в сравнительной степени.

— Клаус, ты вчера много занимался?
— Два часа.
— А я думал ...

— Как хорошо Ирена говорит по-русски!
— Да, но Сирпа говорит ещё …

— Антон говорит очень быстро, я его плохо понимаю.
— Ты попроси его говорить …

— Ты посмотри, как всё дорого в этом магазине!
— Пойдём в другой, может быть, там …

— Я живу далеко от центра.
— А я ещё …

— Хуссейн читает очень быстро.
— А Том ещё …

Прочитайте слова, найдите их в словаре.

медве́дь	заблуди́ться
ло́жка	стуча́ть
крова́ть	открыва́ть
	засыпа́ть
осторо́жно	рыча́ть
неудо́бно	пища́ть
	пла́кать
тёмный	пуга́ться
сре́дний	жале́ть
	провожа́ть

Прочитайте текст.

Три медве́дя
(Ру́сская наро́дная ска́зка)

В одно́й ма́ленькой дере́вне жила́-была́ де́вочка. Зва́ли её Ма́ша. Роди́телей у неё не́ было, и жила́ она́ с ба́бушкой и де́душкой.

Одна́жды пошла́ Ма́ша в лес и заблуди́лась. Шла она́ шла по́ лесу, а лес станови́лся всё темне́е и темне́е. Вдруг уви́дела она́ ма́ленький до́мик. Подошла́ она́ к до́мику и постуча́ла. Никто́ ей не отве́тил. Ма́шенька осторо́жно откры́ла дверь и вошла́ в ко́мнату.

В ко́мнате стоя́л большо́й стол и три сту́ла. Оди́н стул был о́чень большо́й, друго́й ме́ньше, а тре́тий са́мый ма́ленький. На столе́ стоя́ли три таре́лки с ка́шей и три ча́шки с молоко́м.

Máшенька былá о́чень голо́дная. Се́ла она́ на большо́й стул, но ей бы́ло неудо́бно, се́ла на сре́дний — ещё неудо́бнее. Се́ла она́ на ма́ленький стул, взяла́ ло́жку, съе́ла всю ка́шу и молоко́ вы́пила.

Захоте́ла Ма́ша спать, пошла́ в другу́ю ко́мнату и уви́дела три крова́ти. Одну́ большу́ю, другу́ю ме́ньше, а тре́тью са́мую ма́ленькую. Легла́ она́ на са́мую ма́ленькую крова́ть и засну́ла.

... По́здно ве́чером вошли́ в до́мик три медве́дя. Са́мый большо́й медве́дь — па́па, Миха́йло Ива́нович, сре́дний — ма́ма, Ма́рья Ива́новна, и са́мый ма́ленький — сыно́к Мишу́тка. Вошли́ они́ в дом, смо́трят и ничего́ не понима́ют.

— Кто сиде́л на моём сту́ле?! — зарыча́л Миха́йло Ива́нович.
— А кто сиде́л на моём сту́ле? — спроси́ла Ма́рья Ива́новна.
— А кто сиде́л на моём сту́ле и всё съел? — запища́л Мишу́тка и запла́кал.

Вошли́ медве́ди в другу́ю ко́мнату и уви́дели Ма́шеньку.
— Сейча́с я её съем! — зарыча́л Миха́йло Ива́нович.

Просну́лась Ма́ша, уви́дела медве́дей, испуга́лась и запла́кала.
— Нет, нет, не ешь её, па́па! Е́сли ты её съешь, с кем я игра́ть бу́ду? — запища́л Мишу́тка.

Пожале́ли медве́ди Ма́шу и у́тром проводи́ли её в дере́вню к де́душке и ба́бушке.

А Ма́шенька и Мишу́тка ста́ли друзья́ми и ча́сто игра́ли вме́сте в лесу́.

Вот и ска́зке коне́ц, а кто слу́шал — молоде́ц...

Зада́ние 7. Попро́буйте рассказа́ть по-ру́сски ва́шу люби́мую ска́зку.

Прочита́йте шу́тки.

1. Оди́н молодо́й челове́к пришёл в зоомагази́н и спроси́л, ско́лько сто́ит сиа́мский кот.
— 450 рубле́й.
— Как?! На про́шлой неде́ле я был в ва́шем магази́не и э́тот кот сто́ил намно́го деше́вле!
— Да, но за э́ту неде́лю он съел двух са́мых дороги́х попуга́ев.

2. До́ктор:
— У вас нет ничего́ серьёзного. Про́сто вам ну́жен све́жий во́здух. Я сове́тую вам бо́льше ходи́ть. Кто вы по профе́ссии?
— Почтальо́н.

3. Ма́ленький Серёжа пришёл домо́й с дру́гом.
— Ма́ма, посмотри́, э́то удиви́тельный ма́льчик. Он у́чится ещё ху́же, чем я.

4. — Почему́ ты не пошёл в шко́лу?
— Ма́ма, но ты говори́ла, что о́чень беспоко́ишься, е́сли я ухожу́ куда́-нибудь.

25
Двадцать пятый урок

Ра́зве?

Ра́зве вы ку́рите? Вот не зна́ла.

Ра́зве ты не купи́л биле́ты? Ты хоте́л купи́ть их ещё вчера́.
Ра́зве мо́жно так де́лать?

Неуже́ли?

Неуже́ли вы ку́рите? Врач сказа́л, что вам нельзя́ кури́ть!
Неуже́ли ты не купи́л биле́ты? Я тебя́ так проси́ла!
Неуже́ли ты мог так сде́лать!

Задание 1. Закончите данные высказывания.

1. Разве он женат?..
Неужели он женат?..

2. Разве ты не поздравил её с днём рождения?..
Неужели ты не поздравил её с днём рождения?..

3. Разве она ушла?..
Неужели она ушла?..

4. Разве они не сказали вам?..
Неужели они не сказали вам?..

Расскажи о своих друзьях.

Николай надел **свою** шляпу.

Николай надел **его** шляпу.

Урок 25 (двадцать пять)

> **Запомните!**
>
> Это **мой** друг Клаус. Я говорю о Клаусе.
>
> Это **его** родной город Петербург. Он приехал в Петербург.
>
> Это **наши** друзья Рамон и Хуссейн. Мы были в театре с Рамоном и Хуссейном.
>
> Это **ваш** преподаватель Иван Петрович. Вы написали письмо Ивану Петровичу?
>
> Я говорю **о своём** друге.
>
> Он приехал **в свой** родной город Петербург.
>
> Мы были в театре **со своими** друзьями.
>
> Вы написали письмо **своему** преподавателю?

Сравните.

Виктор говорит **о своём** брате. (Это брат Виктора.)
Виктор говорит **о его** брате. (Это брат Антона.)
Анна взяла **свой** словарь. (Это словарь Анны.)
Анна взяла **её** словарь. (Это словарь Ирены.)

Задание 2. Вставьте местоимение «свой» в нужной форме.

1. Это его сестра. Он рассказывает о ___ сестре. 2. Это их дом. Они говорят о ___ доме. 3. Это его тетрадь. Он пишет в ___ тетради. 4. Это её дочь. Она любит ___ дочь. 5. Это ваш друг. Расскажите о ___ друге. 6. Это моя ручка. Я пишу ___ ручкой. 7. Это твои фотографии. Покажи мне ___ фотографии.

Задание 3. Вставьте одно из следующих местоимений: мой, твой, ваш, его, её, их, свой.

1. Это его комната. Мы сидим в ___ комнате. 2. Это ваша сестра. Вы часто думаете о ___ сестре? 3. Это наша аудитория. Мы слушаем лекции в ___ аудитории. 4. Павел мой друг. Я часто пишу домой о ___ друге. Мама спрашивает меня о ___ друге. 5. Это его брат. Расскажите о ___ брате.

Задание 4. а) Прочитайте диалоги. Вставьте вместо точек местоимение «свой» в нужной форме.

— Клаус, твой родной город Берлин?
— Нет, Мюнхен.
— Расскажи нам о …

— Сирпа, с кем ты была вчера на дискотеке?
— Я была с … новыми русскими друзьями.

— Ирена, дай мне, пожалуйста, ... учебник.
— ... я потеряла. Вот учебник Рамона.
— Тогда дай мне, пожалуйста, его учебник.

— Том, тебе нравится жить в общежитии?
— Да, нравится, но в ... доме мне нравится больше.

— Хуссейн, ты знаешь, кто на этой фотографии?
— Да, знаю. Это брат Рамона.
— Откуда ты знаешь?
— Я узнал его, потому что Рамон показывал мне вчера фотографии ... семьи.

Что — чтобы

Сравните.

Том сказал: «Сегодня я купил хороший словарь».	Том сказал, **что** сегодня он купил хороший словарь.
Сирпа сказала: «Ирена, я позвоню тебе сегодня вечером».	Сирпа сказала, **что** она позвонит Ирене сегодня вечером.
Иван Петрович сказал: «Рамон, прочитайте, пожалуйста, этот текст».	Иван Петрович сказал, **чтобы** Рамон прочитал этот текст.
Преподаватель сказал: «Делайте, пожалуйста, упражнение».	Преподаватель сказал, **чтобы** мы делали упражнение.

Задание 5. Замените прямую речь косвенной, употребляя союзы «что» или «чтобы».

1. Сирпа написала Мишелю: «В июне я буду в Риме». 2. Брат сказал Тому: «Напиши письмо маме». 3. Хуссейн сказал Рамону: «Не кури, пожалуйста, в комнате». 4. Мы сказали преподавателю: «В книге нет этого текста». 5. Ирена сказала Клаусу: «Помоги мне приготовить кофе». 6. Сирпа сказала: «Я была вчера на почте». 7. Том сказал Ирене: «Дай мне, пожалуйста, словарь».

Запомните!

я хочу, **чтобы** вы позвонили мне

Задание 6. Что хочет Иван Петрович, если он говорит:

1. Том, закройте, пожалуйста, дверь! 2. Рамон, дайте мне, пожалуйста, тетрадь. 3. Сирпа, позвоните мне вечером. 4. Расскажите, где вы были вчера. 5. Ирена, купите, пожалуйста, билеты. 6. Клаус, скажите своим друзьям, что завтра будет экскурсия.

Урок 25 (двадцать пять)

Прочитайте слова, найдите их в словаре.

учи́тель
и́мя
о́тчество
фами́лия

ро́дственница/ро́дственник
подле́ц
де́вичья фами́лия
не́сколько

Прочитайте текст.

Буке́ты

В учи́тельской ко́мнате же́нской гимна́зии сиде́ли не́сколько учителе́й. Ста́рый учи́тель матема́тики сказа́л:

— Меня́ зову́т Андре́й Владисла́вович. Никогда́ не встреча́л друго́го челове́ка с таки́м и́менем и о́тчеством.

Но́вая учи́тельница исто́рии, то́же о́чень немолода́я, отве́тила:

— Ну, э́то неудиви́тельно. О́тчество ва́ше у нас, у ру́сских, о́чень ре́дкое. Но вот стра́нно: и и́мя и о́тчество у меня́ са́мые обы́чные — Ната́лья Алекса́ндровна, а я то́же никого́ не зна́ла с таки́м и́менем и о́тчеством.

Ста́рый матема́тик мечта́тельно сказа́л:

— Нет, я знал одну́ Ната́лью Алекса́ндровну. Э́то была́ моя́ пе́рвая любо́вь. Ната́ша Казаче́нко.

Учи́тельница удиви́лась:

— Прости́те, я вас никогда́ не встреча́ла, а моя́ де́вичья фами́лия — Казаче́нко.

Матема́тик скепти́чески посмотре́л на неё.

— Нет... Э́то бы́ли не вы. Мо́жет быть, ро́дственница ва́ша. Гимнази́стка, чуде́сная де́вушка с си́ними глаза́ми.

— Э́то в Ки́еве бы́ло?

— Да.

— Она́ жила́ на Трёхсвяти́тельской у́лице?

— Да, да... пра́вильно. Э́то зна́чит вы и есть!

— Да... Но я вас не зна́ла.

— Ну, фами́лию должны́ знать. Я вам ка́ждый день присыла́л буке́т роз. У меня́ в саду́ чуде́сные ро́зы бы́ли.

— Буке́ты мне дари́л гимнази́ст Влади́мир Ка́нчер.
— Ну да! От меня́.
— Он э́того не говори́л.
— Как?! Неуже́ли от себя́?!
— Да...
— Вот подле́ц!

(по В.В. Вересаеву)

Задание 7. Ответьте на вопросы.

1. Как вы думаете, чем закончилась эта история?
2. Придумайте биографии героев рассказа.
3. Расскажите о встрече, которую вы запомнили надолго.

Прочитайте шутки.

1. — Па́па, я выхожу́ за́муж, — сказа́ла дочь.
   — Ты лю́бишь его́? — спроси́л оте́ц.
   — Извини́, па́почка, э́то моё де́ло.
   — А он лю́бит тебя́?
   — А э́то его́ дело́.
   — Но как вы бу́дете жить? Вы студе́нты. У вас нет де́нег, нет кварти́ры.
   — А э́то твоё де́ло, па́па.

2. Два дру́га по́здно возвраща́ются домо́й. Оди́н из них спра́шивает:
   — Послу́шай, что ты ска́жешь жене́, когда́ придёшь домо́й?
   — У меня́ с ней разгово́р коро́ткий. Я скажу́ то́лько «до́брый ве́чер», а всё остально́е ска́жет она́.

26
Двадцать шестой урок

Том, ты не уста́л?

Тебе́ не ску́чно?

Это мой друг, кото́рый живёт в Петербурге.

Запомните!

Это **журналист**. **Он** работает в молодёжной газете.
Это **журналист**, **кото́рый** работает в молодёжной газете.

Это **студентка**. **Она** изучает русский язык.
Это **студентка**, **кото́рая** изучает русский язык.

Это новое **здание**. **Оно** находится на Садовой улице.
Это новое **здание**, **кото́рое** находится на Садовой улице.

Это мои **друзья**. **Они** живут в Петербурге.
Это мои **друзья**, **кото́рые** живут в Петербурге.

Задание 1. Ответьте на вопросы.

1. Кто этот молодой человек, который стоит справа? (брат) 2. А кто эта девушка, которая сидит рядом с ним? (его жена) 3. А кто эти мужчина и женщина, которые сидят в центре? (мои родители) 4. А кто этот мальчик, который сидит слева? (мой племянник) 5. Чья это кошка, которая сидит на руках у твоей мамы? (наша) 6. А чья это собака, которая сидит рядом с твоим отцом? (мой брат)

Задание 2. Составьте из двух предложений одно, используя слово «который».

1. Вы видели новый фильм? Он идёт в нашем кинотеатре. 2. Вы знаете мою сестру? Она работает в библиотеке. 3. Я знаю этого артиста. Он играл в новом фильме. 4. Где письмо? Оно лежало на моём столе. 5. В нашей гостинице живут немецкие студенты. Они изучают русский язык. 6. Том был в доме отдыха. Этот дом отдыха находится в Репино.

Прочитайте стихотворение.

В жи́зни нам ва́жно немно́го:
Друг, здоро́вье, доро́га.
Здоро́вье, кото́рое си́лы даёт,
Доро́га, кото́рая вдаль поведёт,
И друг, кото́рый помо́жет всегда́,
Е́сли с тобо́й случи́тся беда́.

(Н. Пинежанинова)

СЛОЖНЫЕ ПРЕДЛОЖЕНИЯ

Причина (*почему?*)
Я изучаю русский язык, **потому что** я интересуюсь русской культурой.
Я интересуюсь русской культурой, **поэтому** я изучаю русский язык.

Цель (*зачем?*)
Том позвонил Ирене, **чтобы пригласить** её в театр.
Я дал ему деньги, **чтобы** он **купил** мне словарь.

Условие
Если завтра будет хорошая погода, мы поедем в Новгород.
Я бы пошёл на дискотеку, **если бы** у меня было время.

Задание 3. Закончите предложения.

1. Вчера он не был на уроке, потому что ____. Вчера он не был на уроке, поэтому ____. 2. Он плохо говорит по-русски, потому что ____. Он плохо говорит по-русски, поэтому ____. 3. Она очень любит балет, потому что ____. Она очень любит балет, поэтому ____. 4. Вчера он не ходил на экскурсию, потому что ____. Вчера он не ходил на экскурсию, поэтому ____. 5. Мы хотим поехать в Москву, потому что ____. Мы хотим поехать в Москву, поэтому ____.

Задание 4. Ответьте на вопросы.

Модель: — Зачем к тебе приходил Рамон?
— Он приходил ко мне, чтобы показать новые фотографии.

1. Зачем ты ходил в банк? 2. Зачем ты звонил домой? 3. Зачем ты купил цветы? 4. Зачем ты едешь в Москву? 5. Зачем ты сегодня встал так рано?

Задание 5. Закончите предложения.

1. Я помогу тебе, если ____. Я бы помог тебе, если бы ____. 2. Мы пойдём гулять, если ____. Мы бы пошли гулять, если бы ____. 3. Я куплю тебе билеты, если ____. Я бы купил тебе билеты, если бы ____. 4. Я напишу тебе письмо, если ____. Я бы написал тебе письмо, если бы ____. 5. Мы позвоним тебе, если ____. Мы позвонили бы тебе, если бы ____. 6. Я познакомлю тебя с сестрой, если ____. Я бы познакомил тебя с сестрой, если бы ____.

Задание 6. Объясните причину, цель, условие данных действий.

Модель: Зимой я поеду в Петербург. — Зимой я поеду в Петербург, потому что я никогда там не был. Зимой я поеду в Петербург, чтобы встретиться с русскими друзьями. Зимой я поеду в Петербург, если у меня будет свободное время. Зимой я поехал бы в Петербург, если бы у меня были деньги.

1. Том решил купить машину. 2. Рамон хочет изучать историю русской живописи. 3. Клаус приедет в Россию. 4. Летом Хуссейн будет работать в Африке. 5. В этом году Анна не поедет на юг. 6. В воскресенье Ирена решила пригласить в гости своих друзей.

Прочитайте слова, найдите их в словаре.

часть	дели́ть
оши́бка	подчёркивать
зна́чить	выходно́й
уме́ть	самостоя́тельно
счита́ть	вокру́г
умира́ть	и так да́лее = etc.

Прочитайте текст.

Разговор с Иваном Петровичем

Том: Как вы думаете, Иван Петрович, можно выучить иностранный язык быстро?

Иван Петрович: Что значит быстро?

Том: Ну, например, смогу я выучить язык, если я буду учить его два месяца? Я думаю, что самое главное — это выучить слова. Если я буду учить одно слово в минуту, то через час буду знать 60 слов. А через месяц 1500. А в следующий месяц я выучу всю грамматику.

Сирпа: Нет, Том. Я думаю, что знать язык — это не значит знать много слов и грамматику, надо быстро и правильно строить фразы, думать на этом языке.

Рамон: А как вы думаете, можно изучить язык самостоятельно?

Иван Петрович: Да, конечно. Но очень важно заниматься каждый день. У человека, который изучает иностранный язык, нет выходных дней. Очень полезно слушать радио и магнитофон, много читать. Венгерская переводчица-полиглот Като Ломб считает, что язык тоже «умирает», и чтобы он не умер, нужно заниматься не меньше, чем 10 часов в неделю.

Клаус: А что ещё вы посоветуете для самостоятельных занятий?

Иван Петрович: Я советую заниматься обратным переводом.

Ирена: А что значит заниматься обратным переводом?

Иван Петрович: Я знаю, что Хуссейн часто работает так. Может быть, он расскажет нам?

Хуссейн: Я делю страницу тетради на две части. Слева пишу рассказ или текст из учебника. Справа перевод этого текста на родной язык. Через день я смотрю только текст на родном языке и перевожу его на русский письменно. Потом я подчёркиваю слова и фразы, которые перевёл неправильно. Через день я перевожу этот текст с родного языка на русский. И вы знаете, ошибок уже меньше, а иногда и совсем нет.

Иван Петрович: Игры тоже помогают изучать иностранный язык.

Сирпа: Игры? Какие?

Иван Петрович: Например, вы стоите на остановке или едете на автобусе. Вспоминайте слова и говорите на иностранном языке о том, что вы видите вокруг. Например: «Симпатичная девушка ждёт автобус. Она читает журнал». Можно играть в слова. Вы говорите слово, например «институт», а ваш друг должен сказать слово, которое начинается на «т» — «троллейбус» и так далее. Или вы предлагаете тему: «Отдых», «Город» и говорите: «Кто напишет больше слов на эту тему?».

Ирена: Спасибо, это был очень интересный и полезный разговор.

Задание 7. Ответьте на вопросы.

1. Как хочет изучать иностранный язык Том? 2. Можно ли так выучить иностранный язык? 3. Что главное при изучении иностранного языка для Сирпы? 4. Какие советы дал Иван Петрович? 5. Как Хуссейн занимается обратным переводом? 6. Какой из советов вы считаете наиболее важным?

7. Какие вопросы могли бы вы задать Ивану Петровичу? 8. Где и как вы изучали свой первый иностранный язык? 9. Можете ли вы что-то посоветовать друг другу?

Прочитайте шутки.

1. — Вовочка, почему у тебя такие грязные руки?
   — Потому что я этими руками только что мыл лицо.

2. Шофёр открыл глаза в больнице. Он внимательно смотрит на своего соседа и спрашивает:
   — Скажите, мы уже где-то встречались?
   — Конечно! Поэтому мы здесь и лежим.

3. Жена строго говорит:
   — Запомни! Если я говорю «милый мой», я имею в виду только нашу собаку!

27
Двадцать седьмой урок

«Давайте говорить друг другу комплименты»

Вы (ты) сегодня | хорошо выглядите (выглядишь)
| прекрасно выглядите (выглядишь)
| отлично выглядите (выглядишь)

Вам (тебе) идёт | этот костюм!
| эта куртка!
| это пальто!

Вам (тебе) идут | эти бусы!

Какие мы?

Задание 1. Постарайтесь определить значение слов по контексту.

— Хуссейн, я думаю, что твой брат очень **скромный** человек. Он никогда не говорил нам, что он известный арабский журналист.

— А я и не знал, что Рамон такой **остроумный**! Я смеялся вчера целый вечер, когда он мне рассказывал о том, как он в первый раз приехал в Петербург.

— А вы знаете, в первые дни я думал, что Иван Петрович очень **любопытный** человек. Помните, он всегда спрашивал: «Кто ваш отец? Сколько у вас братьев? Где вы работаете?»

— Моя́ сестра́ о́чень **лени́вая**. Бо́льше всего́ она́ лю́бит лежа́ть на дива́не, смотре́ть телеви́зор и ничего́ не де́лать.

Зада́ние 2. Как вы ду́маете, что зна́чат э́ти слова́? О каки́х лю́дях мо́жно так сказа́ть?

| энерги́чный | культу́рный | разгово́рчивый |
| романти́чный | организо́ванный | молчали́вый |

Зада́ние 3. Когда́ мы говори́м о челове́ке, мы мо́жем сказа́ть так:

+	—
до́брый	злой
до́брый	жа́дный
у́мный	глу́пый
весёлый	гру́стный
трудолюби́вый	лени́вый
скро́мный	нескро́мный
воспи́танный	невоспи́танный
остроу́мный	неостроу́мный

Зада́ние 4. Как вы ду́маете, како́й хара́ктер у э́тих люде́й?

Зада́ние 5. Опиши́те ситуа́ции, кото́рые вы ви́дите на рису́нках Х. Бидстру́па «Четы́ре темпера́мента».

1. Скажите, какие диалоги произошли в каждой ситуации?
2. Как вы думаете, что рассказал о случившемся каждый из этих людей, когда вернулся домой?
3. А какая была бы реакция у вас?

Задание 6. Как вы думаете, о каком человеке мы можем сказать:

ни рыба ни мясо	У него длинный язык.
золотое сердце	У него ветер в голове.
золотые руки	У него семь пятниц на неделе.

Задание 7. Расскажите, какой у вас характер? Люди с каким характером вам нравятся?

Прочитайте текст.

Как мы выглядим?

Сирпа: Ирена, сегодня утром к тебе приходил какой-то молодой человек. Но он не сказал, как его зовут.
Ирена: Кто же это был? А как он выглядел?
Сирпа: Ему лет 25. Среднего роста.
Ирена: Худой? Полный?
Сирпа: Достаточно худой. У него хорошая фигура.
Ирена: А какое у него лицо? Волосы?
Сирпа: У него правильные черты лица и светлые волосы.
Ирена: А глаза какие?
Сирпа: Большие, зелёные. Он очень симпатичный.
Ирена: А, это мой двоюродный брат Ян.

Запомните!

глаза:	волосы:	он
зелёные	тёмные	высокого
синие	светлые	среднего роста
голубые	седые	маленького
чёрные	короткие	худой — полный
карие	длинные	
серые	он лысый	**у него**
		(не)правильные черты лица
		длинные волосы
		очки

Задание 8. Опишите внешность людей на фотографиях.

Задание 9. 1. К вам должен приехать друг, но вы не можете встретить его. Попросите вашего товарища сделать это. Расскажите, как он выглядит.

2. Вы режиссёр, вы ищете актёров на роли:
   а) инспектора полиции;
   б) старой учительницы;
   в) шофёра такси;
   г) служащего банка.
Как они должны выглядеть?

3. Расскажите о вашем идеале женщины и мужчины.

Прочитайте шутки.

1. — Какой си́льный дождь! А моя́ жена́ забы́ла зо́нтик.
   — Ничего́, она́ пойдёт в како́й-нибудь магази́н.
   — Вот э́того я и бою́сь!

2. Одна́жды муж и жена́, кото́рые не ссо́рились со́рок лет, собра́ли друзе́й. На вопро́с «Как э́то вы ни ра́зу не поссо́рились» жена́ отве́тила так:
   — Мы раздели́ли на́ши пробле́мы на две ча́сти. Муж реша́ет ва́жные пробле́мы, а я — небольши́е. Небольши́е — э́то убо́рка, де́ти, еда́, маши́на, о́тдых и так да́лее. А ва́жные — э́то ру́сско-кита́йские отноше́ния, война́ в Тринида́де, тонне́ль под Ла-Ма́ншем, избра́ние но́вого президе́нта в Шта́тах и про́чее.

28
Двадцать восьмой урок

> Где лежа́т на́ши биле́ты?

стоя́ть
лежа́ть *где?* на > *чём?*
висе́ть   в

над
под
за > *чем?*
пе́ред
ме́жду

о́коло
у > *чего?*
напро́тив

(не)далеко́ — *от чего?*

Запомните!

сиде́ть

я сижу́	мы сиди́м
ты сиди́шь	вы сиди́те
он сиди́т	они́ сидя́т

на  в  у

за 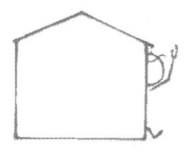 над  под

напротив  между  перед

сто со́рок оди́н **141**

Задание 1. Посмотрите на картинки, скажите, где что стоит, лежит, висит.

Задание 2. Опишите свою комнату. Скажите, что где стоит, лежит, висит?

Задание 3. Опишите аэропорт, который вы видите на схеме, скажите, что где находится.

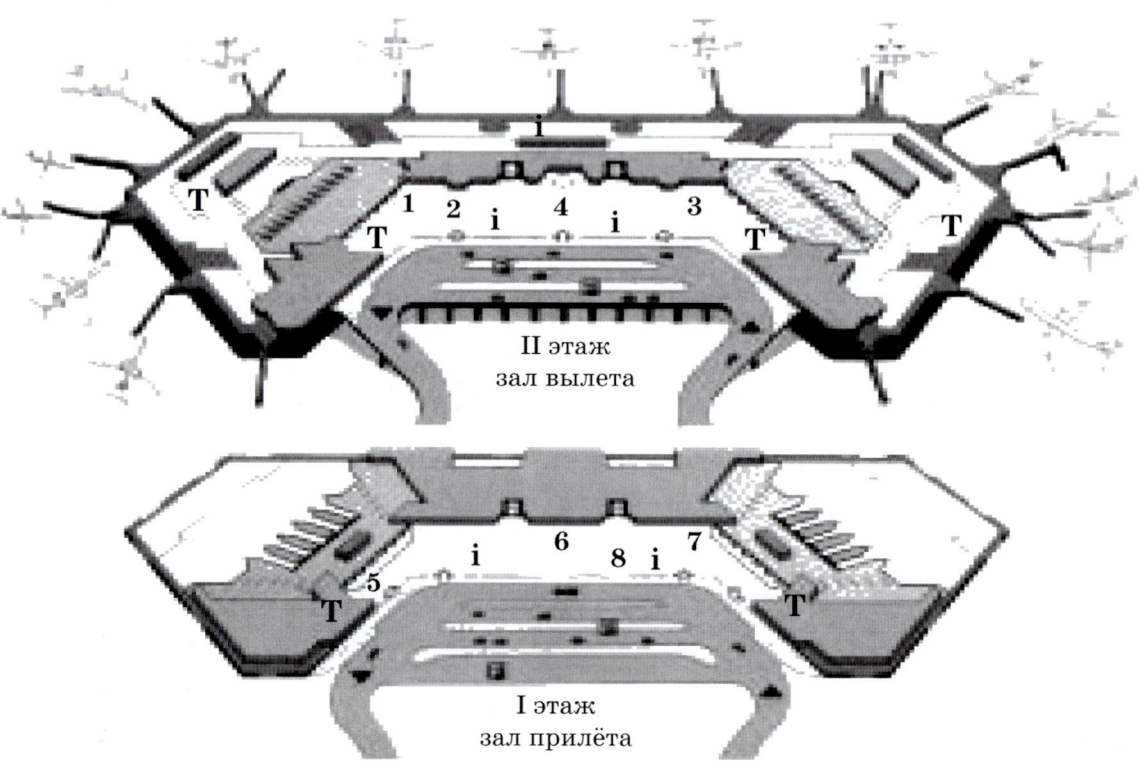

Зал вылета: 1 — обмен валюты; 2 — почта; 3 — билетная касса; 4 — информационное табло.
Зал прилёта: 5 — медпункт; 6 — бар, кафе; 7 — милиция; 8 — турбюро.
Т — туалет; i — информация; Р — стоянка.

Задание 4. Расскажите, что и где находится в вашем районе.

Сейчас мы будем читать рассказ известного русского писателя Антона Павловича Чехова (1860—1904). В этом рассказе много незнакомых слов, постарайтесь понять их значение. Вам помогут следующие задания.

I. любить	≠ ненавидеть	II. жена	→ женатый
любовь	≠ ненависть	семья	→ семейный
говорить	≠ молчать	дурак	→ дурацкий
холодно	≠ жарко	любопытный	→ любопытство
		любить	→ влюбиться

III. старуха (*разг.*)	— старая женщина
свидание	— встреча влюблённых
тонкие чувства	— *здесь:* чувство любви

IV.
1. На экскурсию поехали все студенты, **кроме** Сергея, потому что он заболел.
2. Летом я хочу поехать в Италию. А ты куда **собираешься**? А я — в Грецию.
3. Он встал, позавтракал, **оделся** и пошёл на работу.
4. Не разговаривайте, пожалуйста, вы **мешаете** мне слушать оперу.
5. В городе очень много транспорта, и **воздух** плохой, а в деревне **воздух** лучше.
6. Мы сидели на **скамейке** в парке и разговаривали.

V. Прочитайте слова, найдите их в словаре.

рубашка	оставлять
галстук	исчезать
беседка	улыбаться
гадость	убирать
смерть	прощать
сердце	
чистый	вдруг

Прочитайте текст.

На даче

«Я вас люблю. Вы моя жизнь, счастье — всё! Я не могу больше молчать. Приходите сегодня в восемь часов вечера в парк. Как меня зовут, не пишу, но я молода, хороша собой, чего же вам ещё?»

Дачник Павел Иванович, человек семейный, читал письмо и удивлялся.

— Я женатый человек, и вдруг такое странное, такое глупое письмо! Кто его написал?

Он прочитал письмо ещё раз. За все восемь лет своей женатой жизни Павел Иванович забыл тонкие чувства и не получал никаких писем. Через час он лежал на диване и думал:

— Я не мальчик и не пойду на это дурацкое свидание, но интересно знать, кто это написал. Конечно, женщина. Но кто это может быть?

Решить этот вопрос было особенно трудно, потому что на даче у него не было ни одной знакомой женщины, кроме жены.

— Странно,— думал он, — «Я вас люблю». Как она могла полюбить, если она не знает, какой я человек. Наверное, она очень молода, если может полюбить так быстро. Но кто она?

Вдруг Павел Иванович вспомнил, что вчера, когда он гулял по саду, он несколько раз встречал молодую блондинку в голубом платье. Блондинка часто смотрела на него, а когда он сел на скамейку, она села рядом с ним.

— Она? — подумал Павел Иванович.

За обедом Павел Иванович смотрел на жену и думал:

— Она пишет, что молода. Значит не старуха. Но и я ещё не так стар и плох, чтобы в меня нельзя было влюбиться. Любит же меня жена!

— О чём ты думаешь? — спросила его жена.

— Так, голова болит, — сказал Павел Иванович.

После обеда он думал:

— А она ждёт, что я приду. Может быть, пойти из любопытства?

Он встал и начал одеваться.

— Куда ты собираешься? — спросила жена, когда увидела, что он берёт чистую рубашку и новый галстук.

— Хочу погулять, голова болит.

В восемь часов он вышел из дома и пошёл в парк. В конце аллеи была старая беседка. У него вдруг забилось сердце. Он вошёл в беседку и увидел какого-то человека. Но это был мужчина, брат жены, студент Митя, который жил у них на даче. Две минуты они молчали.

— Извините меня, Павел Иванович, — начал Митя,— но я прошу вас оставить меня одного. Я думаю о своей диссертации и вы мне мешаете.

— А ты иди куда-нибудь в тёмную аллею, — сказал Павел Иванович,— на воздухе лучше думать. А я хочу тут на скамейке поспать, здесь не так жарко.

— Диссертация важнее,— сказал Митя.

Они замолчали.

Павел Иванович опять начал говорить:

— Я прошу раз в жизни: уйди!

Митя не уходил.

— Митя, прошу тебя в последний раз.

Митя тихо ответил:

— Я сказал, не уйду, значит не уйду.

В это время у входа в беседку они увидели женское лицо, но оно сразу исчезло. Через минуту Павел Иванович встал и сказал Мите:

— Между нами всё кончено.

— Очень рад,— сказал Митя и тоже встал.— Знайте, что вы мне сейчас сделали такую гадость, которую я вам до смерти не прощу.

За ужином они молчали и смотрели в тарелки. Они ненавидели друг друга. Жена Павла Ивановича улыбалась.

— Какое письмо ты получил сегодня утром? — спросила она.

— Никакое,— ответил Павел Иванович.

— Я знаю, что получил, это письмо я тебе написала. Честное слово, я. Нам нужно было в доме убрать, но как сделать, чтобы вы из дома ушли? Только так и можно. Я и Мите такое письмо послала. Митя, ты был в беседке?

Митя улыбнулся и уже не смотрел с ненавистью на своего «соперника».

(по А.П.Чехову)

Задание 5. Ответьте на вопросы.

1. Кто главный герой рассказа? Как его зовут? Сколько ему лет? Как он выглядит? Какой у него характер? Как вы думаете, кем он работает? 2. А что вы можете рассказать о его жене? 3. Каким вы представляете себе Митю? 4. Что бы вы сделали, если бы получили такое письмо?

Задание 6. Давайте поговорим о литературе.

1. Любите ли вы читать? 2. Что вы любите больше: стихи или прозу? 3. О чём вы любите читать? 4. Какой жанр вам особенно нравится? Детектив, мелодрама, исторический роман... 5. Как вы думаете, почему люди стали читать меньше? 6. Как вы представляете себе будущее книги?

일러두기   Комментарий

- Аргументируйте свою точку зрения. 자신의 관점을 논증하세요.
- Восстановите диалоги. 대화를 완성하세요.
- Вставьте вместо точек нужное слово. 점 대신 필요한 단어를 넣으세요.
- Давайте поговорим. 이야기합시다.
- Задайте подобные вопросы. 유사한 질문을 하세요.
- Закончите предложения. 문장을 완성하세요.
- Замените прямую речь косвенной. 직접화법을 간접화법으로 바꾸세요.
- Заполните таблицу. 표를 채우세요.
- Запомните. 암기하세요.
- Измените предложения по модели. 예문처럼 문장을 바꾸세요.
- Модель 예문
- Найдите их в словаре. 그것들을 사전에서 찾으세요.
- Обратите внимание. 주목하세요.
- Объясните. 설명하세요.
- Опишите. 묘사하세요.
- Ответьте на вопросы. 질문에 대답하세요.
- Ответьте отрицательно, используя антонимы. 반대말을 사용하여 부정으로 답하세요.
- Отдохните. 쉬세요.
- Повторяйте. 반복하세요.
- Покажите фотографии. 사진을 보여주세요.
- Попробуйте рассказать. 이야기해 보세요.
- Посмотрите на рисунки. 그림들을 보세요.
- Представьте себе. 소개하세요.
- Прочитайте диалоги/ предложения/ шутки по ролям. 역할에 따라 대화를/문장을/농담을 읽으세요.
- Расскажите. 이야기하세요.
- Распределите слова по родам. 성에 따라 단어들을 구분하세요.
- Скажите. 말하세요.
- Слушайте. 들으세요.
- Составьте подобные диалоги (по модели). (예문에 따라)유사한 대화를 만드세요.
- Составьте из двух предложении одно. 두 문장을 한 문장으로 만드세요.
- Спросите друг у друга. 서로 서로에게 질문하세요.
- Сравните. 비교하세요.
- Уточните информацию. 정보를 명확하게 하세요.
- Читайте слова/ диалоги/ текст. 단어들을/대화들을/텍스트를 읽으세요.

단어사전

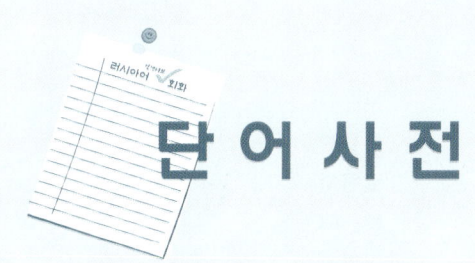

Словарь

A

а	그러나, 그래서, 그러면
абсолю́тно	절대적으로, 완전히
а́вгуст	9월
авто́бус	버스
альбо́м	앨범
америка́нец/америка́нка	미국인/미국여자
америка́нский	미국의
анана́с	파인애플
англи́йский	영국의
апельси́н	오렌지
аппети́т	식욕, 기호
апре́ль	4월
ара́б/ара́бка	아랍인/아랍여자
ара́бский	아랍의
арбу́з	수박
арти́ст	배우
аудито́рия	강의실

Б

ба́бушка	할머니
бале́т	발레
бана́н	바나나
банк	은행
ба́ня	목욕탕
беда́	불행, 고난
бесе́дка	원두막, 정자
библиоте́ка	도서관
биле́т	표
блин	얇은 팬 케이크
боле́ть	아프다
больни́ца	병원
бо́льше всего́	가장 많이
большо́й	큰, 많은, 뛰어난
борщ	보르쉬(고기,야채를 넣은 수프)
боя́ться	두려워하다, 걱정하다
брат	형제
брать	쥐다, 가지고 가다
буке́т	꽃다발
бу́сы	유리구슬 목걸이
бутербро́д	샌드위치
бы́стро	빨리
быть	되다, 있다
бюро́	지도부, 사무소, 관청

В

в	~에, ~로
ва́жно	중요하다
ва́жный	중요한, 중대한
ва́нна	욕조, 목욕
варе́нье	잼
ваш	당신의
вдруг	갑자기
велосипе́д	자전거
весёлый	즐거운, 유쾌한
весна́	봄
вести́	데리고 가다, 데리고 오다
весь	전부의, 모든
ве́чер	밤
взять	잡다, 가져가다, 가져오다
ви́деть	보다
вино́	와인
виногра́д	포도
висе́ть	(옷 등을) 걸다
витами́н	비타민
вку́сный	맛있는
влюби́ться	반하다, 매혹되다, 열중하다
вме́сте	함께
внима́тельно	주의 깊게, 신중히

сто со́рок семь **147**

во-вторы́х	둘째로	глаз	눈
вода́	물	глу́пый	우둔한, 바보 같은
возвраща́ться	돌아오다	говори́ть	말하다
во́здух	공기, 허공	год	년, 해
вокза́л	기차역	голова́	머리
вокру́г	주위에, 주위를	голубо́й	하늘색의
волейбо́л	배구	гора́	산
во́лосы	머리카락	го́род	도시
во-пе́рвых	첫째로	горя́чий	뜨거운, 고온의, 격렬한
во́семь	8	господи́н	~님, ~씨(남자 성,직위등에 붙이는)
во́семьдесят	80	госпожа́	~님, ~씨(여자 성, 직위등에 붙이는)
восемьсо́т	800	гости́ница	호텔
воскресе́нье	일요일	гость	손님
воспи́танный	고상한, 예의 바른, 교양 있는	гото́вить	준비하다
восто́к	동쪽	грамма́тика	문법
восьмо́й	제8의	грипп	감기
вот	저기에, 여기에	грудь	가슴, 흉부
врач	의사	гру́стный	슬픈, 우울한
вре́мя	시간	грусть	슬픔
все	모든	гру́ша	(과일) 배
всегда́	항상	гуля́ть	산책하다
вспомина́ть	회상하다, 생각해내다		
встава́ть	일어나다		
встре́ча	만남	**Д**	
встреча́ть	만나다		
встреча́ться	만나다, 마주치다	да	네, 그렇다
вто́рник	화요일	дава́ть	주다
второ́й	제2의	давно́	오랫동안
вчера́	어제	да́же	심지어
вы	당신, 당신들	далеко́	멀리 떨어진
выбира́ть	선택하다, 선거하다	дари́ть	주다, 수여하다, 증여하다
вы́глядеть	~처럼 보이다.	дать	주다
высо́кий	높은	два	2
вы́ставка	박람회	два́дцать	20
выходи́ть	(걸어서)나가다	двена́дцатый	제12의
выходно́й	휴일	двена́дцать	12
		дверь	문
		две́сти	200
		дворе́ц	궁전, 전당
Г		двою́родный брат	사촌형제
		де́вичья фами́лия	결혼 전의 성
га́дость	더럽고 추악한 물건 혹은 행위	де́вочка	소녀
газе́та	신문	де́вушка	처녀, 아가씨
га́лстук	넥타이	девяно́сто	90
где	어디(에)	девятьсо́т	900
геро́й	영웅	девя́тый	제9의
гла́вный	중요한, 주요한		

де́вять	9	её	그녀의
де́душка	할아버지	е́здить	(타고)가다, 왕복하다
дека́брь	12월	е́сли	만약에
де́лать	하다	есть	먹다
дели́ть	나누다, 분리하다	е́хать	타고 가다
де́ло	일, 직업, 문제	ещё	다시, 아직
день	날, 낮		
день рожде́ния	생일		
де́ньги	돈	**Ж**	
дере́вня	시골		
днём	낮에	жа́дный	탐욕스러운, 갈망하는, 강렬한
деся́тый	제10의	жале́ть	동정하다, 아쉬워하다
де́сять	10	жаль	유감스럽게도
детекти́в	탐정 소설	жа́рко	덥다
де́ти	아이들	ждать	기다리다
дешёвый	가격이 싼	жела́ть	바라다
джи́нсы	청바지	жена́	아내
диало́г	대화	жена́тый	아내가 있는, 결혼한
дискоте́ка	디스코텍	же́нщина	여성, 부인
дли́нный	긴	жи́вопись	회화, 그림
до́брый	착한, 친절한	живо́т	복부, 배
дое́хать	(어느 장소까지) 타고 가다	жизнь	삶, 생활
дойти́	(걸어서 어느 장소까지) 가다	жить	살다, 생활하다
до́лго	오랫동안, 오랜	журна́л	잡지
до́лжен	~해야 한다	журнали́ст	신문기자, 저널리스트
дом	집		
до́ма	집에서		
дома́шнее зада́ние	과제, 숙제	**З**	
доро́га	길		
дорого́й	비싼, 귀중한	за	(기간, 거리, 동작 착수 등)~뒤에
до свида́ния	안녕히 계세요(헤어질 때 인사)	заблуди́ться	길을 잃다
доста́точно	충분하다, 넉넉하다	забыва́ть	잊어버리다
дочь	딸	заво́д	공장
друг	친구	за́втра	내일
друго́й	다른, 별개의	за́втрак	아침식사
ду́мать	생각하다	за́втракать	아침식사 하다
дура́к	바보	загора́ть	햇볕에 타다
дура́цкий	바보의, 어리석은	зал	홀, 응접실
духи́	향수	за́пад	서쪽
дым	연기	занима́ться	공부하다
ды́ня	참외, 멜론	за́нят	바쁜, 꽉 찬
		заня́тие	수업
		засыпа́ть	잠들다, 자기 시작하다
Е		заче́м	무슨 목적으로, 왜
		звать	부르다, 초대하다
его́	그의	звони́ть	전화하다

зда́ние	건물	ка́жется(мне)	여겨진다(내 생각으로는)
здесь	여기에	как	어떻게, ~와 같이
здоро́вье	건강	како́й	어떤, 무슨
здра́вствуйте	안녕하세요	капу́ста	양배추
зелёный	초록의	каранда́ш	연필
зе́лень	녹색, 청과물	ка́рий	갈색의
зима́	겨울	ка́рта	지도, 카드
злой	악의 있는, 흉악한	карти́на	그림
знако́миться	아는 사이가 되다	карто́фель	감자
знать	알다	кассе́та	(카세트, 비디오)테잎
зна́чить	의미하다	ката́ться	(수레,썰매 등을)타다
зонт	우산	ка́ша	죽
		ка́шель	기침
		кафе́	카페
		кварти́ра	(아파트 안의)집, 주거아파트
		кино́	영화

И

		кни́га	책
и	그리고	колбаса́	소시지
игра́ть	놀다, 경기하다, 연주하다	коме́дия	희극, 어릿광대 짓
идти́	(걸어서) 가다	ко́мната	방
изве́стный	유명한, 알려진	комплиме́нт	칭찬, 말치레
извини́те	죄송합니다	коне́ц	끝, 결말
изуча́ть	공부하다	коне́чно	물론, 당연히
икра́	생선알	контро́льная рабо́та	쪽지 시험
и́ли	혹은	конфе́та	(캔디나 초콜렛류) 당과
и́мя	이름	конце́рт	콘서트
инжене́р	엔지니어	конча́ть(ся)	끝나다, 끝내다
иногда́	이따금, 가끔	коро́бка	곽, 상자
иностра́нец	외국인	коро́ткий	짧은
иностра́нный	외국의, 타국의	костю́м	양복
интере́сный	흥미 있는, 재미난	кот	수코양이
интересова́ться	~에 흥미를 가지다	кото́рый	어느(관계 대명사)
иска́ть	찾다, 구하다	ко́шка	고양이
иску́сство	예술, 기교	краси́вый	아름다운
испа́нец/испа́нка	스페인 남자/스페인 여자	кре́сло	안락 의자
испа́нский	스페인의	крова́ть	침대
истори́ческий	역사의, 역사적인	кро́ме	~을 제외하고
исто́рия	역사	кста́ти	때마침, ~하는 김에
исчеза́ть	사라져 없어지다, 자취를 감추다	кто	누구, 누가
и так да́лее	등등, 기타	культу́рный	문화의, 문화적인
ию́нь	6월	купи́ть	사다, 구입하다
ию́ль	7월	кури́ть	담배를 피다
		ку́ртка	재킷
		ку́хня	부엌

К

ка́ждый	각각의

Л

ла́мпа	램프
легко́	가볍다, 쉽다
лежа́ть	(사람이)누워있다, (물건이)놓여있다
лека́рство	약
ле́кция	강의
лени́вый	게으른, 나태한
лес	숲
литерату́ра	문학
ле́то	여름
лицо́	얼굴
ложи́ться	눕다
ло́жка	숟가락
лук	파, 양파
лу́чше	더 잘, 더 좋게
люби́ть	사랑하다, 좋아하다
любо́вь	사랑, 연애, 연인
любопы́тный	호기심이 많은
любопы́тство	호기심
лю́ди	사람들

М

магази́н	상점
магнитофо́н	녹음기
май	5월
макаро́ны	마카로니
ма́ленький	작은
ма́ло	적다
ма́льчик	소년
ма́рка	우표
март	3월
ма́сло	기름, 오일
матрёшка	마뜨료쉬까 (러시아 전통인형)
маши́на	자동차
медве́дь	곰
ме́дленно	천천히
медсестра́	간호사
ме́жду	~가운데, 사이에
ме́сто	장소
ме́сяц	월
метро́	지하철
мечта́тельно	몽상적으로
мечта́ть	꿈꾸다, 염원하다
меша́ть	방해하다
мили́ция	경찰
мла́дший	손아래의
мно́го	많다, 많이
мо́жно	~해도 좋다
мой	나의
молодёжный	젊은이의
молодёжь	젊은 사람들, 청춘남녀
молодо́й	젊은
молоко́	우유
молчали́вый	과묵한, 말수가 적은
молча́ть	잠자코 있다, 침묵을 지키다
мо́ре	바다
морко́вь	당근
моро́женое	아이스크림
моря́к	선원, 해군
мост	다리
мотоци́кл	오토바이
мочь	~할 수 있다
муж	남편
мужчи́на	남성
музе́й	박물관
му́зыка	음악
музыка́нт	음악가
мы	우리들
мя́со	육류, 고기

Н

на	~에
наве́рное	아마도
над	~위에
на́до	~해야 한다
найти́	발견하다, 찾아내다
наконе́ц	마침내
напра́во	오른쪽으로
напро́тив	반대편에, 맞은 편에
наро́дный	국민의, 민중의
на́сморк	코감기
находи́ться	~에 위치하다
национа́льность	국적, 민족
начина́ть	시작하다
начина́ться	시작되다
наш	우리의
неде́ля	주

не́ за что	천만에요	омле́т	오믈렛
нельзя́	~해서는 안된다	он	그, 그것(남성)
не́мец/не́мка	독일 남자/독일 여자	она́	그녀, 그것(여성)
неме́цкий	독일의	они́	그들, 그것들(복수)
ненави́деть	미워하다, 중오하다	оно́	그것(중성)
не́нависть	증오, 혐오	о́пера	오페라
не́сколько	약간, 몇몇	опозда́ть	늦다, 지각하다
нет	그렇지 않다, 없다	организо́ванный	조직된, 조직적인
неудо́бно	불편한	о́сень	가을
неуже́ли	정말인가	осо́бенно	특히, 주로
никогда́	늘 ~하지 않는다	оставля́ть	남기다, 남겨두다
никуда́	아무데도 ~하지 않는다	остана́вливать	멈추다, 정지하다
ничего́	아무것도 ~하지 않는다	остано́вка	(버스 등의)정류장
но	그러나	осторо́жно	신중하게
но́вый	새로운	остроу́мный	재치가 있는
нога́	(사람 혹은 동물의) 다리	отвеча́ть	대답하다
нож	칼	отдыха́ть	쉬다, 휴식하다
норма́льно	보통이다	оте́ц	아버지
нос	코	открыва́ть	열다
но́та	악보	отли́чно	좋다, 멋지다
ночь	밤	о́тпуск	휴가
ноя́брь	11월	о́тчество	부칭
нра́виться	마음에 들다	о́чень	매우
ну́жно	~할 필요가 있다, 해야한다	очки́	안경
		оши́бка	실수

О

П

обе́д	점심식사		
обе́дать	점심식사 하다	па́лец	손가락
обменя́ть	바꾸다	пальто́	외투
обра́тно	반대로, 거꾸로	парк	공원
общежи́тие	기숙사	which паште́т	파이, 고기만두
о́бщий	공통의	пельме́ни	고기만두
обы́чно	보통	пе́нсия	연금
обяза́тельно	반드시	перево́д	번역
о́вощ	야채	переводи́ть	번역하다
огуре́ц	오이	пе́рвый	제 1의
одева́ться	(옷을) 입다	переда́ть	전하다, 건네다
оди́н	1	пе́ред	~앞에
оди́ннадцатый	제11의	пе́рец	고추
оди́ннадцать	11	пе́рсик	복숭아
одна́жды	어느날	пе́сня	노래
окно́	창문	пече́нье	쿠키, 비스킷
о́коло	주위에, ~의 근처에	пешко́м	도보로
октя́брь	10월	пи́во	맥주

пирожо́к	파이	после́дний	마지막의, 최근의
писа́тель	작가	пото́м	다음에, 후에
писа́ть	쓰다	по-ру́сски	러시아어로
письмо́	편지	потому́ что	왜냐하면
пить	마시다	почему́	왜
пища́ть	우는 소리를 하다	по́чта	우체국
пла́вать	수영하다, 헤엄치다	почти́	거의
пла́кать	울다	поэ́тому	그래서, 그러므로
плати́ть	(돈을)지불하다	пра́вило	규칙
пла́тье	원피스	пра́вильно	옳다, 옳게
племя́нник	조카	пра́здник	기념일
пло́хо	나쁘다	предлага́ть	신청하다. 제안하다
пло́щадь	광장	представля́ть себе́	상상하다
пляж	해변	преподава́тель	선생님
по́вар	요리사	прекра́сно	매우 아름답게, 훌륭하게
под	~아래에	приве́т	(만날 때)안녕
пода́рок	선물	приглаша́ть	초대하다
подле́ц	비열한 놈, 더러운 놈	принима́ть	(손님 등을)받다, 복약하다
поднима́ть	들어올리다, 높이다	прие́хать	(타고) 도착하다
подру́га	여자 친구	прийти́	(걸어서) 도착하다
подчёркивать	밑줄 긋다, 강조하다	приро́да	자연
по́езд	기차	присыла́ть	(물건을) 보내오다,(사람을) 파견하다
пое́здка	여행, 유람		
пое́хать	(타고) 떠나다, 가다	провожа́ть	배웅하다
пожа́луйста	제발	продаве́ц	판매원
по́здно	늦게	проду́кты	식료품
поздравле́ние	축하	про́за	산문
поздравля́ть	축하하다	проси́ть	요청하다, 부탁하다
познако́миться	아는 사이가 되다	проспе́кт	대로
пойти́	(걸어서)가다, 떠나다	прости́те!	용서해주세요!
пока́	(헤어질 때)안녕	просыпа́ться	잠이 깨다
пока́зывать	보여주다, 제시하다	профе́ссия	직업
покупа́ть	사다, 구입하다	пря́мо	똑바로, 직접
пол	반, 절반	пря́ник	양념을 넣은 당밀과자
поле́зно	유용하다, 유익하게	пу́таться	혼란하다, 당황하다
поли́тик	정치가	пя́тница	금요일
по́лный	가득찬, 충분한	пятьдеся́т	50
по́льский	폴란드의	пя́тый	제5의
поля́к/по́лька	폴란드 남자/폴란드 여자	пять	5
помидо́р	토마토	пятьсо́т	500
помога́ть	돕다		
по-мо́ему	내 생각에는		
понеде́льник	월요일	Р	
понима́ть	생각하다		
портфе́ль	서류 가방	рабо́та	일, 업무
по́сле	~이후에	рабо́тать	일하다

рад(-а,-ы)	기쁜, 반가운
ра́дио	라디오
ра́дость	기쁨
раз	번, 배(倍)
ра́зве	과연~일까, 정말로 ~일까
разгова́ривать	대화하다
разгово́рчивый	말하기 좋아하는
ра́зный	다양한, 서로 다른
разреша́ть	허락하다, 해결하다
раке́тка	라켓
ра́но	일찍, 이른
расска́з	이야기
расска́зывать	말하다, 이야기하다
рассо́льник	절인 오이를 넣은 고기 수프
ребёнок	아기
реда́кция	교정, 감수
ре́дко	드물게
река́	강, 하천
реши́ть	해결하다, 풀다, 결심하다
рисова́ть	그림 그리다
роди́тели	부모님
родно́й	조국의, 고국의
ро́дственник	친척, 혈육
рождество́	크리스마스, 탄생
ро́за	장미
романти́чный	낭만적인, 낭만주의의
росси́йский	러시아의
рост	신장, 키, 성장
рот	입
руба́шка	와이셔츠
рубль	루블(러시아의 화폐 단위)
рука́	팔, 손
ру́сский	러시아의, 러시아인의
ру́чка	펜, 손잡이
ры́ба	물고기
ры́нок	시장
рыча́ть	으르렁거리다, 짖다
рюкза́к	배낭
ря́дом	나란히, 가까이에

С

сад	정원, 동산
сала́т	샐러드
сам(-а,-и)	자기, 자신, 혼자서
самова́р	싸모바르(물 끓이는 주전자)
самолёт	비행기
самостоя́тельно	독립적으로, 독창적으로
са́мый	가장
са́хар	설탕
свёкла	사탕무
све́тлый	밝은
свида́ние	면회, 회견
свобо́дное вре́мя	여가 시간
свой	자기자신의
се́вер	북쪽
сего́дня	오늘
седо́й	백발의, 희끗한
секрета́рь	비서, 서기관
сейча́с	지금, 현재
семе́йный	가족의, 가정의
семь	7
се́мьдесят	70
семьсо́т	700
семья́	가족, 가정
сентя́брь	9월
се́рый	회색의
сестра́	자매
сиде́ть	앉아 있다
си́ла	힘, 에너지
симпати́чный	호감가는, 매력적인
си́ний	파란 색의
сказа́ть	말하다
ска́зка	옛날이야기, 동화
ско́лько	얼마, 어느 정도, ~만큼
ско́рая по́мощь	응급차, 구급차
скро́мный	겸손한, 공손한
ску́чно	지루하다, 무료하게
сле́ва	왼쪽에, 왼쪽부터
сле́дующий	다음의
сли́вки	크림, 유지
слова́рь	사전
сло́во	단어, 언어, 말
случи́ться	(사건)생기다, 우연히 일어나다
слу́шать	듣다
смея́ться	웃다, 조소하다
смотре́ть	보다
снача́ла	처음에
соба́ка	개
собира́ться	모이다, 집합하다
собо́р	성당

сове́товать	충고하다, 조언하다	суп	수프
сове́товаться	상담하다	сча́стье	행복
совре́менность	동시대	счита́ть	(수를)세다, 계산하다, ~라고 생각하다
совреме́нный	동시대의, 현대의		
совсе́м	전혀, 완전히	сыр	치즈
согла́сен	동의하는, 허가하는	сюже́т	슈제뜨, 주제
соглаша́ться	승낙하다, 동의하다		
(к) сожале́нию	유감스럽게도	**Т**	
сок	주스		
со́рок	40	так	그렇게, 이렇게
соси́ска	소시지	такси́	택시
социо́лог	사회학자	тако́й	이러한, 저러한
спаси́бо	감사합니다	там	저기에
спать	자다	танцева́ть	춤추다
спина́	등	твой	당신의
спо́рить	논쟁하다, 말다툼하다	творо́г	응고된 우유
спортсме́н	스포츠맨	теа́тр	극장
спра́ва	오른쪽에서	текст	텍스트
спра́вочное	조회하는, 조사의	телеви́зор	텔레비전
спра́шивать	물어보다	тёмный	어두운, 흐리멍텅한
сра́зу	즉시, 한번에	температу́ра	기온, 온도, 체온
среда́	수요일	те́ннис	테니스
сре́дний	중간의, 중앙의	тепе́рь	이제, 이제
стадио́н	경기장	тёплый	따뜻한, 다정한, 훈훈한
ста́нция	(지하철 등의) 역	тетра́дь	공책
стару́ха	노부인, 노파	тётя	아줌마, 고모, 이모
ста́рший	연장의	техни́ческий	기술적인, 기술의
ста́рый	낡은, 늙은, 오래된	то́же	또한
стать	~이 되다, 서다	то́лько	오로지, 단지
статья́	기사, 논문	торт	케익
стихи́	시	традицио́нный	전통적인
сто	100	трамва́й	전차
сто́ить	~의 값이 나가다, ~의 가치가 있다	тре́тий	제3의
		три	3
стол	책상	три́дцать	30
стоя́ть	서 있다, 존재하다, 위치하다	трина́дцатый	제13의
страна́	나라, 국가	трина́дцать	13
стра́нно	이상하다, 이상하게	три́ста	300
стро́ить	세우다, 건축하다, 수립하다	тролле́йбус	무궤도 전차
студе́нт	대학생	тру́дно	어려운, 힘든
стул	의자	трудолюби́вый	근면한, 부지런한
стуча́ть	노크하다	туда́	저기로, 저기로
стюарде́сса	스튜어디스	ты	너
суббо́та	토요일	ты́сяча	1000
сувени́р	기념품		
су́мка	손가방		

У

у	~의 곁에
убира́ть	치우다, 정돈하다, 간수하다
уве́рен(-а, -ы)	확신하다
у́гол	골목, 구석
удивля́ть	놀라게 하다, 경탄케 하다
удово́льствие	만족, 쾌락, 위안
уе́хать	(타고) 떠나다
уже́	이미, 벌써
у́жин	저녁식사
у́жинать	저녁식사 하다
у́зкий	좁은, 갑갑한, 협소한
уйти́	(걸어서) 떠나다
у́лица	거리
улыба́ться	미소짓다, 빙그레 웃다, 행복해 하다
уме́ть	~할 능력이 있다
умира́ть	죽다, 소멸하다
у́мный	똑똑한, 영리한
университе́т	대학교
упражне́ние	연습문제
уро́к	수업
усло́вие	계약, 조건
успе́х	성공, 발전
уста́л(-а, -и)	피로하다, 싫증나다
у́тро	아침
у́хо	귀, 청각
уче́бник	교과서
учени́к	학생, 제자
учи́тель	선생님
учи́ть	(~을) 공부하다, 예습하다
учи́ться	(~에서) 공부하다
ую́тный	쾌적한

Ф

фами́лия	성
февра́ль	2월
фе́рма	농장
фигу́ра	모양, 모습, 도형
фи́зик	물리학자
филармо́ния	음악애호회
фильм	영화
финн/фи́нка	핀란드 사람/핀란드 여자
фи́нский	핀란드의
фи́рма	회사
фотоаппара́т	사진기
фотогра́фия	사진
фра́за	(문장의) 구
фрукт	과일
футбо́л	축구

Х

хара́ктер	성격, 성질, 기질
хлеб	빵
ходи́ть	걷다, 다니다
хо́лодно	춥다, 차갑다
хоро́ший	좋은, 훌륭한
хорошо́	좋다
хоте́ть	원하다, ~하고 싶다
худо́жник	미술가, 화가
худо́й	마른, 여윈

Ц

цветы́	꽃
целова́ть	키스하다
це́лый	전체의, 완전한, 전부
центр	중심, 중앙부

Ч

чай	차
ча́сто	자주
часть	부분, 일부, (책 등의)편
часы́	시계
ча́шка	찻잔
чей	누구의
челове́к	사람
чемода́н	여행가방
че́рез	(시간) ~후에, (장소) ~을 가로질러
чёрный	검은, 검은색의
черты́ лица́	얼굴 생김새, 용모
четве́рг	목요일
четвёртый	제4의
четы́ре	4

четы́реста	400		
чи́стый	청결한, 깨끗한, 순수한		
чита́ть	읽다		
что	무엇	я	나
что́бы	~하도록, ~하기 위하여	я́блоко	사과
что́-нибудь	무엇이든	язы́к	언어
чу́вство	감각, 감정	яйцо́	달걀
чу́вствовать себя́	느끼다, 깨닫다	янва́рь	1월
чуде́сный	놀랄만한, 기적적인, 뛰어난		

Ш

ша́хматы	서양장기, 체스
шесто́й	제6의
шесть	6
шестьдеся́т	60
шестьсо́т	600
ше́я	목
широ́кий	넓은, 광범위한, 광대한
шкаф	찬장, 장롱
шко́ла	학교
шко́льник	(초중고)학생
шофёр	운전사
штат	자치주
шу́тка	농담, 장난, 익살

Щ

щи	양배추 수프

Э

эконо́мика	경제학자
экску́рсия	소풍, 단체견학
экскурсово́д	견학 안내자
энерги́чный	원기왕성한, 강력한
э́то	이것, 저것 (중성)
э́тот	이것, 저것 (남성)

Ю

ю́бка	치마
юг	남쪽

러시아 교육문화센터
뿌쉬낀하우스
교육센터 / 문화센터 / 출판센터
Tel. 02)2237-9387 Fax. 02)2238-9388
http://www.pushkinhouse.co.kr